一個有關生命與勇氣的眞實故事

去過天堂90分鐘

90 Minutes in Heaven

Don Piper、Cecil Murphey 著
史迪文工作小組 譯

困頓背後的意義

朱衛茵

唐‧派普牧師的《去過天堂90分鐘》，才閱讀了將近一半的書稿，我已數度感動落淚，好幾個晚上，我都捨不得睡，只想把它趕快讀完。因爲這不是一本普通的書，它寫下的是一個神蹟。在我自己的生命歷程中，也多次經歷死蔭的幽谷，而　神每一次都適時搭救了我。如同《聖經》中大衛的詩篇：「我雖然行過死蔭的幽谷，也不怕遭害，因爲祢與我同在。」

我的姊姊在幾年前感染了SARS，數度瀕臨死亡邊緣。然而她不埋怨、也不放棄　神。還記得那時成千上萬我們認識與不認識的基督徒，都在爲姊姊禱告。而她經過四個月的煎熬後，竟然奇蹟的康復了！因爲　神聽了我們的禱告。

看到書中派普牧師，把他在天堂九十分鐘的景象如實的描述出來，我雖然感到有些不可思議，但我深信這些都是眞實的。天堂如他形容的，只有平安、只有喜樂、只有讚美，沒有痛苦、空虛，當然也沒有憂傷。

當他正在享受這一切的時候，　神再一次差遣他回到了人間，在康復的過程裡，他歷經前所未有的煎熬、苦痛，有多次比死更難受的經驗。但在這一切的背後，有一個更大的意義。

我相信這本書並不只是寫給基督徒，也是寫給每一個人。也許每個人的情況不盡相同，但遭遇困難時，我們常常因自尊心作祟而故作堅強，不願接受他人的幫助。卻忘記自己在不知不覺中，剝奪了別人愛我們、關懷我們的機會，也在不知不覺中，將自己的一扇機會之門關閉了。

朋友們，你正在痛苦中想尋求一個答案？你的生命很灰暗，似乎沒有人關心？仔細閱讀這本書，你會得到一個前所未有的啓示，至少我自己已從中獲得許多的幫助。最後，我也送給讀者一句經文：「你們要先求祂的國和祂的義，這些東西都要加給你們了。」（馬太福音 6：33）共勉之。

（本文作者爲知名節目主持人）

蛻變成生命中的勇者

朱植森

人們對於「死亡」的恐懼，大部分來自於對它的不確定性：你不知道自己死後會去哪裡，而你今世的所作所為對死後有什麼影響？你所堅持的信仰眞的能帶給你永生嗎？死後的你又會過什麼樣的生活？

在一九八九年一月十八日的一場車禍中，唐．派普牧師已經被宣告死亡。等待驗屍官前來的同時，一場前所未有的旅程正在展開。足足有九十分鐘的時間，唐．派普經歷了天堂的美好景象，地上有限的措辭無法形容他所感受到的喜樂、興奮、溫暖和全然的滿足。

當我在閱讀本書時，似乎也能看到天堂的榮景，聽見充滿榮耀的讚美聲；瞬間，我對我的信仰更加堅定，對耶穌所賜的永生充滿著盼望，對我將來要去的地方更是期待。

當唐甦醒過來，重回人間，他並未感受到死裡復活的喜樂，因爲他不明白，爲何上帝領他看見天堂美景，卻又讓他回到人間承受無盡煎熬。這一切的意義是什麼？看到唐在醫治的過程中所受的痛楚、折磨，以及身體的重度傷殘，相信許多讀者的內心也會升起疑問。

然而，在接下來的篇章中，我們看到了 神偉大的計畫：

正因爲唐所經歷的這一切，他得以幫助許多也正遭受著同樣磨難的人，帶給他們鼓勵及希望，使他們獲得力量，勇敢面對漫長的復建過程。他天堂之旅的見證，堅固了許多人的信心，使人們對生命不再徬徨、對死亡不再恐懼，而且更使經歷喪親之痛的家屬得著安慰，因爲他們確知所愛的家人在哪裡，也相信將來必要與他們再見面。

在這本書裡，作者很細膩的描述自己面對突然的身體重殘、從照顧別人的牧者角色轉換成凡事都要別人照顧的弱者角色，內心所有的掙扎及眞實感受。他也提到，自己從拒絕別人的關心、付出，甚至拒絕與人的接觸，到最後終於能坦然的面對自己、接受別人。整個心路歷程令我十分動容，同樣身爲牧師的我，獲益匪淺，也再次審視自己對人及對　神的態度，重新建立人生的價值觀，對生命也有了新的看法。

《去過天堂90分鐘》是一本值得推薦的好書，不只在於作者精采的經歷，更在於所傳達出來的信念，包含他的勇氣、對人的愛心、對生命的體認，還有信仰所帶給他眞實的經歷及幫助。我們不一定遇到過像唐．派普一樣的苦難，但相信我們都能透過這本書學習與成長，使我們也能蛻變成生命中的勇者、照亮別人生命的火炬。

（本文作者爲基督教台北眞道教會主任牧師）

選擇順服

白崇亮

本書作者唐・派普牧師，在一九八九年遭逢一場嚴重的車禍事故，因此走上一段不可思議的意外旅程。當時三十八歲的唐，正值事業起步、擁有幸福的家庭、人生的全盛時期，誰都料想不到就在轉瞬之間，他來到了莫測難料的人生轉捩點——他並不曉得自己會死，也並沒有選擇死亡，更不能預知自己會看見天堂的奧妙，但他的確經歷了這一切！

他的天堂經歷，引領我們一窺所謂「天上的家」的部分景象；他所見到的畫面，令我感到振奮，感覺生活中一切的付出與努力，都將在那裡得到完全的安慰。然而，唐並未在天堂久留。九十分鐘後，因著一位牧師的禱告，更因爲上帝的心意，他回到了人世間。

有很長一段時間，唐的心對外界關閉了，他一心只想停留在自己的世界裡。直到有一天，好友的提醒，如同來自天上的啓示，一語點醒了唐的心。我敬佩他的選擇，因爲他選擇的是順服正確的事，而非自我的驕傲心態，並且督促自己付諸行動。

這讓我反思，在面臨環境與自己的心意背道而馳的挑戰時，我們是否只願意順著自己的心情，停留在自憐的情緒之中？是否寧可放棄更多值得我們擁有的美好人事物，也不願意走出人生的風暴？我相信，很多時候我們所需要的，正是這樣的「立即順服」，並且確實對自己的人生負起責任。

這本書帶給我的另一個啓示是：施比受更有福。在天堂中迎接唐的親友，都是那些在生前對他的生命有正面助益的人。環顧四周，反思自己，我們是否也在每一天的生活中散播祝福於身邊的人，並對需要的人付出溫暖呢？唐在痛苦的醫療復健過程中，有多少人無私無悔的付出他們的愛與耐心，讓唐有勇氣繼續向前走，將他的親身經歷鼓舞無數的美國人。如今，藉由這本書翻譯出版，將可以鼓勵更多在世界各個角落、同樣遭受痛苦和失親之痛的人。

原來，我們每個人一點一滴的付出，上帝都將這些一一累積成祝福，成就大事。這些美好的故事，難道不值得我們期待與經歷嗎？

把握每一個人生的轉捩點，將它化爲自我突破的動力。學習付出，在每一個看似最不起眼的人身上。每天感恩，因爲上帝的心意與恩典總是美好而夠用。

相信這本書能成爲你我最體貼眞心的鼓勵！

（本文作者爲台灣奧美集團董事長）

流行歌手

范瑋琪

同樣身爲基督徒，唐．派普的天堂經歷令我感到驚喜與溫暖，我相信上帝對每一個人都有一份特別的安排，讓我們藉由生活中遭遇的人事物，看見上帝的愛，與人們彼此的愛。這值得我們在生命的旅程中，以喜樂與信心面對未知的環境，並成爲他人生活中的天使。

佳音電台主持人

許承道牧師

這是一本相當令我動容的書，一開始作者獨特的遭遇與經歷，似乎無法與人分享，也沒有人能了解他，他的內心充滿了許多「爲什麼」。然而，調整自我的心態，接納全新的生活和自己，抬起頭，將焦點從「自己」轉移，就能看到上帝奇妙的心意和生活中豐盛的恩典。

脊椎神經專科醫師

陳家恩

讀到本書作者的遭遇，令我感同身受。我曾在一場車禍事故中經歷失明和身體的重創，在幾乎離開人間的同時，我領悟到活著的理由。透過上帝的力量，我有了再次的生命，因此我藉著雙手服務人群，透過話語傳達上帝的祝福。這本書再次激勵我，時常感恩，並堅持在人生道路上成爲別人的祝福。

CONTENTS · 目錄

一九八二年唐與兒子克里斯和喬的合照。

前言

我於一九八九年一月十八日死亡。

事故發生的幾分鐘內，救護人員便到達現場。他們發現我已經沒有脈搏，就宣告我死亡，接著用防水帆布蓋住我，讓圍觀的人不至於看到我。然後他們就去照顧其他受傷的人。

我對周遭的救護人員和現場的其他人，都毫無所覺。

死亡之後，我立即上了天堂。

當我在天堂的時候，有一位浸信會的傳道人來到事故現場。雖然他知道我已經死了，卻仍然趨前爲我毫無生命跡象的軀體禱告。即使救護人員嘲笑他，他仍不停止爲我祈求。

在救護人員宣布我死亡至少九十分鐘之後，上帝回應了他的禱告。

我回到了這個世界

這就是我的故事。

1. 意外

所以我們可以放膽說：「主是幫助我的，我必不懼怕；人能把我怎麼樣呢？」

《聖經》希伯來書 13：6

德州浸信總會大會（簡稱「德浸總會」）每年都會召開州際大會。一九八九年一月，他們選擇在李文斯敦湖北岸一個名叫「三一松」的大型會議中心舉行。該中心隸屬聯盟浸信會，是由大休士頓地區的所有浸信會組成的。會議的主題爲「教會成長」，而我之所以去，是因爲我正在考慮開拓一間新的教會。

會議是在星期一開始，預計於星期三午餐後結束。星期二晚上，我和一位德浸總會的負責人，名叫湯瑪斯的友人並肩散步了一段很長的路。湯瑪斯在心臟病發作之後，就常以步行鍛鍊身體，所以我們在會議的最後一晚一起散步運動。

就在幾個月前，我覺得開拓新教會的時間到了。著手進行這項冒險事業之前，我當然要盡量多收集一些資訊。我知道湯瑪斯在整個德浸總會對開拓新教會的經驗和知識，是數一數二的。他在德州成功的建立了許多教會，因此我們都認爲他是專家。那晚我們一邊散步，一邊談及我要開拓新教會的事：何時開始？地點在哪裡？會遇到哪些困難和要避開的陷阱？他不只回答了我似乎無止境的問題，也反問了一些我還沒想過的問題。

我們邊走邊談，大概有一個小時吧。雖然天氣又冷又在下雨，我們卻相談甚歡。湯瑪斯對那天晚上的談話印象深刻，而我也是，只不過是基於不同的理由：因爲那是我人生最後一次正常行走。

星期三上午，天氣更惡劣了。雨下個不停，若再冷幾度，恐怕就會結冰，我們可能就無法上路了。

上午的會議準時開始。最後一位講員做了一件浸信會傳道人從來不做的事——他居然提早講完了。三一松會議中心取消了午餐，而在十點半左右爲我們換上了早午餐。我已經在前一晚收拾好行李，把東西都放在我的紅色一九八六福特埃斯哥汽車裡了。

一吃完飯，我立刻告別了朋友，鑽進車裡，準備開車回到我所任職的教會，也就是埃爾溫（Alvin）的南園浸信會（South Park Baptist Church）。埃爾溫是位於休士頓郊外的一個住宅區。

發動引擎時，我想起三個星期前曾因爲沒繫安全帶而吃了一張罰單。當時我的一位牧師朋友喉嚨動手術，我正要去代他講道，德州高速公路警察攔下了我，那張罰單至今還放在乘客座上，提醒我一回到埃爾溫就要去繳罰款。收到罰單之前，我本來是都不繫安全帶的，但之後我就改變了。

看著那張罰單，我心想，我可不願意再被抓了，於是我小心的繫上安全帶。這個小小的舉動，成爲一個關鍵性的決定。

要回到休士頓的埃爾溫，有兩條路可走。在三一松的大門口，我就得選擇要麼從李文斯敦下到五十九號高速公路，不然就往西到亨茨維爾，再開上一般稱爲海灣高速公路的四十五號國道。這兩條路程距離相當，平常我總是選擇走五十九號公路，但是那天早晨，我選擇走海灣公路。

能提早離開還眞不錯，才剛過十一點，我最快下午兩點就能回到教會。主任牧師帶領一隊人去聖地（耶路撒冷）了，留下我負責南園教會的週間聚會。他還交代我負責連著兩個主日的講道。當天晚上是禱告會，通常不需要太多的準備，但我需要預備星期天早上的講章。

我在離開埃爾溫之前已經寫了一份草稿，題目是：「我信一位偉大的上帝」。我打算在開車時把自己寫的東西再看一下。

後來，我曾多次想到我選擇海灣高速公路的決定。很奇怪，我們在作簡單決定的時候是多麼的不在乎，然而我提醒自己，即使是最小的決定，也常常造成重大的後果。我的這個決定，就是其中之一。

離開三一松大門後右轉，開上德州十九號高速公路，會看到亨茨維爾和四十五號國道的交會，通往休士頓的方向。我很快就開到李文斯敦湖，這座人造湖是由三一河上的攔沙壩形成的。從前的河床，現在成了優美的大湖。一座雙向的高速公路橫跨李文斯敦湖，路基正好在湖面上，這條道路沒有路肩，因此路面非常狹窄。我必須開在這窄小的道路穿過又長又廣闊的水面，才能到另一頭。我知道開這條沒路肩的路需要當心，但是並沒有感受到任何意外的前兆。

在這條高速公路的末端，有一座三一河的舊橋，一過橋，道路的坡度就突然陡峭向上，沿著河床的岸邊爬升。這突如其來的爬升，使得雙向會車的駕駛人都看不清前面的路。

我從沒見過這樣的橋，它看起來很奇怪。橋很長，但我不知道到底有多長。它是一座舊橋，帶有鏽跡斑斑的巨大鋼鐵結構。我只能看清眼前的一點點路，當然沒辦法看到來車。這座橋很危險，後來我才得知這裡已發生過幾樁事故。（現在這座橋已經停止使用，只是橋身仍然在那裡。州政府在旁邊建了另一座橋。）

因爲對這條路不太熟悉，我將車速維持在每小時五十英里。車子裡仍然很冷，我聳著肩開車。風使得那天早上更顯寒冷，淅淅瀝瀝的雨已經變成大豪雨，我眞想快一點回到埃爾溫。就在上午十一點四十五分左右，我正要開出橋的東端，有一輛由德州監獄受刑人所駕駛的十八輪大卡車，突然歪歪扭扭的越過中線，正面衝撞上我的車。卡車把我的小車擠壓在橋欄杆和卡車司機座位之間，就像三明治一樣。卡車的輪子完全輾過我的小車，並且將車子壓得粉碎。

我只記得事故的片斷，至於其他大部分的訊息，都是從事故報告和現場目擊者那裡得來的。

從目擊者的描述中我得知，那輛卡車從窄橋的另一個方向開過來，先撞上了我，接著又追撞前面兩輛與它同方向的車。那兩部小轎車已經跟我會車過，卡車竟然還撞上它們。警察紀錄說，卡車撞上我的時候開得很快，時速至少六十英里。這位沒有經驗的司機，他的卡車最後幾乎是停在橋的邊緣上。

遭到擦撞的其中一部車，是由一位年輕的越南人開的，另一部車的駕駛則是一位年老的白人。他們都嚇壞了，但只受到輕微的擦傷，不需要緊急治療，因此救護人員沒送他們去醫院。

事故報告說，卡車衝撞力的相對速度大約是時速一百一十英里。也就是說，卡車以時速六十英里撞上我，而我正以時速五十英里小心開車。那名受刑人因爲沒操控好車輛又超速，而被開了罰單。後來證實，那名受刑人根本沒有卡車駕照，只因爲當獄中的督察員問，誰志願開卡車去載一些食物回來，他是唯一肯去的人。於是他們就讓他駕駛監獄的補給卡車，由兩位戒護警察開著另一輛屬於州政府的小卡車緊跟在後。

事故發生後，卡車司機毫髮無傷，監獄的補給車也只受到些微損壞，但是那輛超級重的卡車卻輾碎了我的福特轎車，並且把它推出窄小的路面，還好，橋邊的欄杆使我的車沒有掉進湖裡。

根據當時現場的人說，戒護警察從監獄裡徵調了多位醫護人員，並且在幾分鐘內就趕到。有人幫我檢查，發現我已經沒有脈搏，就宣布我當場死亡。

對於被撞，以及之後所發生的一切事，我絲毫沒有記憶。

在那個強而有力、勢不可擋的瞬間，我死了。

很奇怪，我們在作簡單決定的時候是多麼的不在乎，然而我提醒自己，即使是最小的決定，也常造成重大的後果。

2. 我在天堂的時間

就懼怕，說：「這地方何等可畏！這不是別的，乃是 神的殿，也是天的門。」

《聖經》創世記28：17

我死的時候，並沒有穿過一條又黑又長的隧道，也沒有離去或歸來的感受，更從未經歷身體被帶進光明裡的過程。我沒聽見任何聲音，不管是叫我的或是呼喚別人的。與我生前最後見到的橋和雨的景象同時發生的，是光包裹了我，而這光輝是超過地上所能理解或描述的明亮。就只是這樣。

我下一個意識，就是我正站在天堂。

喜樂充滿我的心。我向四周張望，注意到有一大群人站在一扇輝煌壯麗的大門之前。我不知道他們距離我有多遠，但距離之類的事似乎無關緊要。當那群人向我跑過來時，我沒看見耶穌，卻看見許多熟悉的面孔。我立刻明白，這些都是先我而離世的人，他們的出現顯得非常自然。

他們湧向我，每個人都帶著微笑，並且高聲讚美上帝。雖然沒有人告訴我，但我直覺的知道，這是我的天國歡迎會。他們在天堂的門口聚集，正等著我。

我第一個認出的，是我的外公喬依・古柏。他看起來跟我記憶中的一模一樣，有一撮白髮和我稱作大香蕉的鼻子。他立時停下來站在我的面前，臉上堆滿了微笑。我可能喊了他的名字，但我不確定。

「唐尼！」（他常這麼叫我）他的眼神明亮，在奔向我的最後幾步朝我伸出了雙臂。他擁抱我，緊緊的抱著我。是的，他就是我兒時記憶中那位強壯且精力充沛的外公。

記得在他心臟病發作時，我正和他一起在家，並且跟他一起坐上救護車。我一直待在醫院急診室外，直到醫生走出來搖搖頭輕聲說：「我們已經盡力了。」

外公放開了我，我看著他的臉，一股無比的喜悅淹沒了我。我無法壓抑重逢的喜樂，根本沒想到他的心臟病或去世。至於我們是怎麼來到天堂的，似乎已無關緊要。

我不明白爲什麼在天堂第一個看見的人就是外公，也許是因爲他去世的時候我就在旁邊吧。他並不是我生命中最了不起的屬靈嚮導，卻也正面的影響過我。

被外公擁抱之後，我不記得接下來的兩位是誰了。人群圍繞著我，有人擁抱我，有人親我臉頰，還有人使勁握著我的手，使我感受到無比的愛。

歡迎會中有一個人，叫麥克．伍德，是我童年時的朋友。麥克對我來說有特殊的意義，因爲是他邀請我上兒童主日學的，這對我成爲基督徒有很大的影響。麥克是我所認識的人之中最虔誠的年輕基督徒，相當受人歡迎。他連續四年都是高中的橄欖球隊、籃球隊和田徑隊的隊員，並且贏得榮譽，非常了不起。他成爲我心目中的英雄，因爲他身體力行，活出了美好的基督徒生活。高中畢業後，麥克獲得路易斯安納州立大學的全額獎學金，可惜他在十九歲那年死於車禍。聽到這消息時，我非常震驚，甚至心碎，過了一段很長的時間才恢復。他的去世，是我當時人生經歷中最大的打擊和痛苦。

參加他的葬禮時，我哭個不停，不明白上帝爲什麼要帶走這樣一位忠心的基督徒。多年來，我一直不能忘記這種痛苦和失落的感覺。我並沒有一直想念他，但每當我想起他，悲傷就籠罩著我。

而現在，我在天堂看見麥克。當他用手臂環繞我的肩膀時，我的痛苦和悲傷消失了。我從未見過麥克笑得這麼開心。雖然我還不知道是怎麼一回事，但至少這地方的喜樂消除了所有的疑問，一切都至善至美！

有越來越多人迎向我，並叫喚我的名字。那麼多人來歡迎我進入天堂，實在令我興奮極了。歡迎者眾多，我無法想像有人可以像他們現在這樣快樂。他們的臉上散發出一種極平安的光輝，是我在世上從未見過的。他們都充滿活力，容光煥發，喜樂無比。

時間已無任何意義。但是爲了表達清楚，我會以時間的順序來敘述我的經歷。

我看見我的曾祖父，聽到他的聲音，感覺到他的擁抱。他告訴我，他很高興我加入他們。我看見貝利．威爾遜，他是我的高中同學，但後來在湖裡淹死了。貝利擁抱我，他笑得那麼開心，令我難以置信。他和每個隨之而來的人都讚美上帝，並述說他們看見我有多麼興奮，也歡迎我來到天堂加入他們所享受的團契。

就在這時，我看見兩位曾愛我和教導我關於耶穌基督的老師。我走在這群人中間，注意到他們從老到少，各種年齡都有，其中很多人在地上素未謀面，但每個人都曾影響我的生命。而雖然他們以前互不相識，現在卻好像很熟絡。

我想說明整個情況，但我的詞彙稀少，又不夠恰當，因爲我必須用地上有限的措辭來描述無法想像的喜樂、興奮、溫暖和全然的滿足。每個人都不斷的擁抱我、觸摸我，對我說話，出聲對我笑，並且讚美上帝。這一切好像持續了很久很久，而我樂此不疲。

我父親有十個兄弟姊妹，他們的孩子最多有十三個。在我小時候，我們的家族人口甚多，如果想要聚會，必須租下阿肯色州的蒙特羅市立公園。我們派普家族的人彼此都很親密，一見面就擁抱親吻。即使這樣，我在地上與家族親友的團聚經驗，都不能使我對在天堂門口所面對的這崇高的聖徒團聚有心理準備。

曾在蒙特羅市團聚的一些親人，也在天堂門口等我。天堂裡有許多事物，但毫無疑問的，它是最偉大的一次家庭聚會。

我所經歷的每樣東西，都像是爲感官而預備的超級筵席，任人享受。我從未感受過如此強而有力的擁抱，更從未經歷過如此美妙的體驗。天堂的亮光和質感，使地上的視覺和言語解讀毫無用處，溫暖和明亮的光吞沒了我。我四顧觀看，幾乎不能消化那生動與耀眼的繽紛顏色。每個色彩都超越了我曾有過的體驗。

隨著所有感官意識的加深，我覺得以前似乎從未眞實的見過、聽過或感受過任何事物。我不記得我曾品嘗過什麼東西，但我知道，如果我嘗了，那將比世上任何我吃過、喝過的東西更美味。最好的解釋就是，我感到自己正處於另一個空間。即使在人生最美好的時刻，我都不曾覺得像現在這樣完完全全的活著。我站在這一群親愛的人面前，不知說什麼才好，我只試著享受每一件事。一次又一次，我聽見他們因爲看見我而發出無比喜樂的聲音，因爲我在他們中間，他們是多麼的激動和興奮。我不確定他們有沒有眞的說什麼話，但我知道他們一直都在等我。儘管同時我也意識到，天堂是沒有時間限制的。

我再一次注視著身邊所有的面孔，了解到他們都曾在我成爲基督徒的過程中幫助過我，或是在信仰成長的過程中鼓勵過我。每個人都正面的影響了我，在屬靈上引導我成爲一個更好的信徒。我知道——又是那種我不知道自己爲什麼會知道的直覺——是因爲他們對我的影響，使我得以在天堂和他們在一起。

我們並沒有談到他們爲我所做的事。我們的話題集中在我所擁有的歡樂，以及他們是多麼高興看到我。

因爲情緒很激動，我不知如何回應他們的歡迎，只能說：「我很高興跟你們在一起。」而這完全不能表達我被這些我所愛的人環繞和擁抱所帶來的極大喜樂。

我沒有意識到我生前留下了什麼，也沒有爲離開家人或財物而感到遺憾。好像上帝從我的意識中挪走了一切負面的或使我憂慮的事，我不得不與這些很棒的朋友一起歡樂。

他們看上去跟我認識他們的時候一模一樣，只是比在地上時更加容光煥發而喜樂。

我的曾祖母叫海蒂．滿，是美國印第安人。在我小時候，她已經罹患骨質疏鬆症，頭和肩膀都向前彎曲，整個人看起來是駝著的。我特別記得她的滿臉皺紋，另外還有她那口假牙也讓我記憶深刻，而且她總是忘記戴。但是在天堂她對我微笑時，她的牙齒閃閃發亮，我知道她的牙是眞的，她的微笑是我看見過最美的。

我還注意到另一件事——她的背不駝了，她站得又直又挺，臉上的皺紋也不見了。我根本不知道她眞正的年齡，也甚至沒想到這個問題。注視著她明亮的臉龐，我意識到在天堂年齡毫無意義。

年歲意味著時間的流逝，而在那兒沒有時間。所有我遇見的人，都跟我最後一次看見他們時年紀相仿，但是在地上生活所留下的一切蹂躪創傷都消失了。雖然有的人在地上並不算十分漂亮，但在天堂，每張臉都完美、漂亮，看上去燦爛奪目。

即使現在，經過這麼多年，有時我閉上雙眼，還能清晰的回憶起那些完美的面容，以及洋溢著我從未體驗過的盛情與溫暖的微笑。和他們共處的神聖時刻，是我生命中的珍藏與期望。

當我一進入天堂，他們就在我面前，並且向我湧來，上前擁抱我。我無論朝哪個方向看，總有我所愛的人和曾經愛過我的人圍繞我，並且前後移動，使每個人都有機會歡迎我。

我感受到被愛——勝過我一生中所有被愛的體驗。他們並沒有說他們愛我，我不記得他們說了什麼話，但是當他們注視著我的時候，我就徹底明白了《聖經》裡所謂「完全的愛」是什麼。它從每個環繞著我的人身上散發出來。

我凝視著他們，覺得這樣就是在接收他們對我的愛。片刻之後，我環顧四周，眼前的景象淹沒了我，所有的事物都燦爛耀眼。從前方不遠的大門處射來一道光，比環繞在我身旁的光輝還要明亮，全然輝煌。我停止凝視人們的臉，因為我發現，身邊所有的東西都絢爛發光。言語完全不足以形容。所有的一切都太令人敬畏與驚奇，遠超過人類的言語所能描繪。

我所看見的每樣東西都發出強烈的光輝，唯一能說的是，我們正開始移向那光。沒有人說應該怎麼做，但我們都同時動了起來。我向前看，一切好像都在長高——好像一座平緩的小丘永不止息的往上延伸。我本以為門後面或許會有些陰暗，但我所能看見的，只有絢麗奪目的亮光。

比起眼前的絢爛光輝，我遇見親朋好友時所看見的亮光頓時黯然失色。感覺好像我每踏一步，光就變得更加燦爛。我不知道光怎麼可能更燦爛輝煌，但它就是這樣。彷彿打開一間暗室的門，走進正午烈日的亮光裡，當門一開，烈日光芒群湧而出，使我們暫時失去視覺。

但我並沒有瞎，只是驚訝於那不斷增強的光輝。這看起來眞的很奇怪，一切雖已如此燦爛，但我每向前走一步，光輝就加增一些。我越向前走，光就越明亮。光吞沒了我，我感覺自己正被引到上帝面前。人的肉眼必須逐漸適應光和暗，但屬天堂的眼睛並不需要。在天堂裡，每個感官都被無限的提升來享受一切，這是何等大的感官饗宴哪！

當我繼續向前走的時候，有一種聖潔的敬畏充滿了我。我不知道前面有什麼，但感覺得出來，下一步會更奇妙。

然後，我聽到了音樂。

我感受到被愛——勝過我一生中所有被愛的體驗。他們並沒有說他們愛我，我不記得他們說了什麼話，但是當他們注視著我的時候，我就徹底明白了《聖經》裡所謂「完全的愛」是什麼。

3. 天堂的音樂

我又看見且聽見，寶座與活物並長老的周遭有許多天使的聲音；他們的數目有千千萬萬。

《聖經》啓示錄5：11

童年時期，我常在鄉下和叢林間玩耍，穿梭在與腰齊高的草叢間，也會去驚嚇在地上停留的鳥群，使牠們倏然飛起，飛走時，牠們的翅膀會發出「啪呼」的聲音。

在天堂讓我記憶最深刻的，是我所聽見的聲音。我只能用振翅所發出的神聖呼聲來形容。

但是，也必須將這呼聲擴大千萬倍，才足以展現出天堂的音響效果。

那是我所聽過最美妙悅耳的聲音，而且持續不斷，像一首永不止息的歌。我震懾住了，只想側耳傾聽。我不只聽見音樂，我自己似乎也成爲音樂的一部分，而且是透過我的身體彈奏出來的。我佇立不動，卻覺得被樂音整個擁抱住。

輕快的音符和旋律充溢在空氣中，清晰可聞，我卻一點也沒有受到干擾。感覺好像當天上的音樂滲透在我身上每一部分的同時，我仍能注意到周遭發生的每件事。

我並未看見任何發聲的源頭，只感覺到製造天堂音樂的東西就在我上方，但我沒有抬頭看，我不明白爲什麼。也許是因爲我正沉浸在周遭人的陪伴中，也許我的感官正忙於享受這一切。我不想問什麼問題，也沒有什麼疑惑。諸事皆美，我覺得自己了解這一切，毫無疑問。

無數的音符帶來美妙的聲音，充溢著我所有的思緒和心靈，簡直難以形容。最奇妙的是天使拍翅的聲音。我沒看見他們，但他們所發出的聲音是美妙而聖潔，配著一個似乎永無止息的節奏。啪呼的聲音就像一種永恆的讚美，而我聽了卻完全明白它是什麼。

在天堂的經歷中，一個至今留在我腦海，獨特而生動的記憶，是第二個聲音。我稱之爲音樂，但它與任何我在地上聽過的或期待要聽到的都不一樣。讚美的旋律盈滿在空中，不止息的力量和無窮的變幻令我震撼。

讚美一直不停歇，但對我來說最特別的是，同一時間有上百首樂曲在歡頌，都是讚美上帝的歌。當我靠近華麗莊嚴的大門時，讚美的歌聲從四面八方湧來，每個聲音都在稱頌上帝。我用「聲音」這個詞，但實際上不止於此，有的聲音像樂器聲，但我不確定，也不在乎，因爲到處都是讚美聲，都是音樂，而且是我以前從沒聽過的旋律和曲調。

「哈利路亞！」「讚美！」「榮耀歸於上帝！」「讚美歸於君王！」從音樂中傳來這樣的讚美詞。我不知道是天使們在唱還是眾人在唱。我驚訝不已，沉浸在天堂的氛圍中，無意左顧右盼。我心中充滿著未曾經歷過的最深喜樂。雖然沒有參與敬拜，卻感覺自己的心也在同樣的大喜樂中飛翔。

如果同時播放三張讚美的CD，我們只會聽到不和諧，甚至叫人發瘋的噪音。但在這裡可不是這樣，每個音符都和諧，每個聲音和樂器都搭配完美。

說也奇怪，我竟能清楚分辨每一首歌。當我走進天堂大門時，我覺得似乎每一首讚美詩都是唱給我聽的。

許多古老的讚美詩是我一生在不同時期早就唱過的，還有上百首歌是我第一次聽到的。傳統的讚美詩、現代的讚美詩和古老的聖歌充滿著我的雙耳，帶給我極深的平安感受和前所未有的大喜樂。

我後來才發現，我並沒有聽到像〈古舊十架〉或〈釘痕的手〉這類的歌曲，但是當我站在大門時，我並沒有立刻意會到這件事。在空中飛揚的歌曲中，沒有一首是關於耶穌犧牲或死亡的歌。我沒有聽到任何悲傷的歌，而且我本能的知道，天堂裡就是沒有悲歌。怎麼會有呢？所有的讚美都是關乎基督作了萬王之王，以及我們因祂爲我們所成就的一切和祂的美好而稱頌。

天上的聲音勝於我所聽過的音樂，歡唱的歌曲數以萬計卻毫不混亂，因爲我能聽出每一首歌的歌詞和曲調。

雖然我沒有一副好歌喉，這榮耀的音樂卻令我讚嘆，我知道如果那時我也歌唱，我的聲音將是完美無缺，而且與充滿我耳朵的千萬聲音與樂器一樣優美和諧。

即使回到地上以後，有時我仍聽見那樂音輕微的迴響著。當我特別疲倦，閉上眼躺在床上時，偶爾就會伴著這充滿我心靈和思緒的天堂樂音入睡。不管白天多麼辛苦，平安會立即充滿我的全人。往事依然會重現，只是和一般人不太一樣，回到我心裡的，多半是聲音而不是影像。

每次想到這音樂的記憶對我的意義，總不免希奇。我原本以為最難忘的，應該是我所看見的事物，或是與某個親人的擁抱。但經歷了那麼多，我最珍惜的卻是那些聲音，有時**我真等不及想再一次聽到——親耳聽到**。這是我所嚮往的。我會想見到那些人，但我知道我終究會永遠跟他們在一起。我想再度經歷在天堂裡的每一件事，然而除此之外，我最期盼的是聽到那些永不止息的歌。

很顯然的，我並不知道上帝的感覺，但我想祂一定喜悅於這樣持續不斷的讚美，而我也從其中得到了喜樂和安慰。

在那些時刻——儘管時間是沒有意義的——有人觸摸我，他們溫暖的擁抱是如此真實。我也看到超越我一切想像的色彩，並且感受到前所未有的活力。

我回家了，回到我歸屬的地方。我想待在那兒，勝過在世上任何地方。光陰悄然流逝，而我就在天堂。所有的憂慮、不安和掛念都消失了，我一無所求，只感到至善至美。

在描述天堂景象的時候，我深感沮喪，因爲我無法以言辭來表達它的一切，看起來像什麼，聽起來像什麼，感覺起來又像什麼。天堂如此美善，我無所求也無所需。甚至完全沒有想到人世和我留下的一切。

我沒有看見上帝，也從未看見任何影像或亮光，表明祂神聖的同在，但我知道祂在那兒。我聽見人們談論進入天堂大門後出來的經歷，但這並未發生在我身上。

我只看見如彩虹般的亮光。我曾朝大門內觀看，期待能看到些什麼。但那並不是急切的渴望，而是坦然的敞開心靈，期望經歷天堂所有的恩典和喜樂。

對於這部分的經歷，我唯一覺得合理的解釋是，如果我眞的看見了上帝，我一定不肯再回來。我的感覺是，一旦我們在上帝面前，我們就不會回到地上了，因爲相較之下，人世全然空虛，毫無意義。

對我來說，單單走到大門口就已經奇妙無比了，它使我初嘗屬天的喜樂。但我的拙口笨舌無以形容所發生的一切。

身爲牧師，我曾多次在棺木前，或在追思禮拜中說：「對於愛主信靠主的人來說，離開肉身，就是與主同在。」

我以前相信這話，現下更加確信了。

過沒多久（用人的概念來看），我們開始一起向大門走去。沒人對我說，但我明白是上帝差派那些人來迎接我進入天堂的大門。

在這群歡迎會眾的頭頂上方，有一座雄偉壯觀的大門，切斷了兩旁一眼望不盡的高牆。實際的入口跟巨大的門相比，小得令我訝異。我凝神注視，從任何方向都看不到牆的盡頭，我舉目仰望，也看不見頂端。

有一件事確實使我驚奇：在地上時，每當想到天堂，我就期盼有一天會看見一座用珍珠做的門，因為《聖經》裡曾提到珍珠門。不過這門並不是用珍珠做的，但卻發出珠光，或許說彩虹亮光會更眞切。在我看來，大門有如在蛋糕上灑了一層珍珠糖衣，閃閃發亮。

我停下來觀看這榮耀的色彩和閃亮的變幻。閃亮的光芒使我目眩，在這裡我就該心滿意足了，但我還是向前邁步，好像被牽拉護送著來到上帝面前。

我在大門外停住，並且能看到裡面。它就像一座鋪滿道路的城市。令我驚奇的是，路上鋪的眞的是黃金。如果你想像一條鋪滿金磚的街，那就很貼近我所能形容的了。

我看見的每樣東西都很明亮——是我眼睛所見過最明亮的顏色——如此的強烈，以至於沒有任何地上的凡人能領受這樣的光亮。

在這可畏的情景中，我繼續走近大門，心裡想著，我將要進去。親友們都在眼前招呼我、催促我，並邀請我跟他們一起進去。

然後，情境改變了，我唯一能形容的是，突然他們不在我前面，而轉到我旁邊來了。我的直覺是，當我要通過那座彩虹大門的時候，他們想走在我旁邊。

曾有人問我：「你是怎麼移動的？行走嗎？漂浮嗎？」我不知道，我只是隨著那一群歡迎我的人移動。我們越靠近大門，音樂就越響亮生動。就像從遠處觀看一場慶典，聽到它細微的聲音，就跟著走進慶典當中。我們越靠近，它就變得越強烈、鮮活和生動。當我到達大門時，我的感官完全活了，我感受到無限的喜樂。

就在大門外——不知道爲什麼——我竟然停住了。眼前的景象使我激動，並且渴望進入，因爲我知道裡面絕對會比我現在所經歷的更令我興奮。就在這個時刻，我才終於有點觸摸到人心對天堂的渴望。我在這裡，並且即將進入珠光閃動的天堂大門。

在那片刻的停頓間，另一個變化產生了，我不再只是聽到那音樂和千千萬萬讚美上帝的聲音，我也成了大合唱的一部分。我與他們合一，他們也接納我進入他們中間。我已到達我長久以來所嚮往的地方，因此在繼續向前走之前，我停下腳步，佇立觀望。

然後，正如我來到天堂大門一般突然，我離開了。

我回家了，回到我歸屬的地方。我想待在那兒，勝過在世上任何地方。光陰悄然流逝，而我就在天堂。所有的憂慮、不安和掛念都消失了，我一無所求，只感到至善至美。

4. 從天堂到地上

我雖然行過死蔭的幽谷，也不怕遭害，因爲祢與我同在。祢的杖，祢的竿，都安慰我。

《聖經》詩篇 23：4

救護車和醫護人員來到現場後，判定我當場死亡。根據報告，車禍發生在上午十一點四十五分。醫護人員立即忙於處理現場的其他傷者，直到下午一點十五分，他們準備將我運走之前，再一次檢查了我的脈搏。

我仍舊沒有任何生命跡象。

根據德州法律，在把我的屍體從事故現場運走之前，必須正式宣告我已死亡。除非宣告我死亡，否則救護車必須先把我送到醫院。我事後才知道，那個郡沒有驗屍官，而檢察官也有權可以宣告死亡，然後他們就可以把我的屍體運走。

救護車從監獄、郡裡和亨茨維爾分別駛來，除了其中一輛，其餘的並沒有帶走任何傷者。最後一輛也準備要離開了。

唐的福特埃斯哥汽車被撞後的情形。車頂曾被掀開以便抬出唐，
當車子送到廢車場後，車頂已被復原。

事故現場

從我後來收集的資訊看來，有人安排了一輛沒有標記的車，要把我的屍體運往殯儀館。

他們找到一種特殊工具車，打算把我從撞爛的車子裡弄出來。因爲我已死亡，所以不是特別緊急。他們關心的是如何疏導橋面的壅塞，使交通盡快恢復正常。

當卡車撞上我的車，並且越過我的頭頂時，卡車掀翻了我的車頂，儀表板整個擠落到我的腿上，壓碎了我的右腿。我的左腿則有兩處被撕裂，分落在座椅和儀表板上。我的左手臂伸在我頭頂上，已經脫臼，越過座椅甩掛下來，所幸還沒有完全脫離我的身體。

由於我是用右手開車，我的左臂一直靠在駕駛座旁邊的門上。我後來才知道，那隻手臂的主要骨頭都不見了，所以左前臂只剩下一塊連在膀臂上的肌肉。左腿也是一樣，我的膝蓋上端僅連著一些肌肉組織，仍然可爲下面的腳踝和小腿輸送血液。四英寸半的一段大腿骨竟然也不見了，而且再也找不到。醫生無法用醫學解釋，爲什麼這樣支離破碎的我，體內的血液竟然沒有流光。

到處都是玻璃碎片和血跡，而我的臉因爲嵌入玻璃屑，布滿各種各樣的小洞。方向盤擠入我的胸膛，血從我的眼睛、耳朵和鼻子裡滲出來。

單單從事故現場的情形，醫療救護人員就可以看出我的頭部一定承受了巨創，身體內部顯然也已完全變形。急救團隊中的一位醫護人員第一次發現我沒有脈搏時，就用防水的帆布把我蓋起來，並且也用布把車子的頂部遮住，他們並不打算立刻把我從車子裡弄出來或搬動我。事實上，他們也無法這麼做，因爲如果沒有特殊工具車的協助，他們不可能把我從車子裡拖出來或抬出來。

這時，卡車上的兩位監獄護警馬上向監獄求援，叫了救護車過來。這顯然加快了現場救援的速度，因爲其他的救護車都因距離太遠而無法立刻趕到現場。

他們檢查了另外兩部小車的駕駛人，還好他們都沒有受傷，也不需要醫護人員的幫忙。那個開監獄卡車的受刑人也沒有受傷。醫療救護人員確定他沒事後，隨即將他送回了監獄。警察管制著橋上的交通，並等待救護車的到來。等待期間，雙向車道，尤其是從我開來的這個方向，車子已經回堵了幾英里的車陣長龍。由於橋面很窄，只有兩線車道，不夠一輛車迴轉，即使可以掉頭，也必須沿著湖邊多開四、五十英里的路，才能開上另一條替代的道路。

在交通堵塞的車龍裡，迪克和安妮塔·奧尼瑞克（Dick and Anita Onerecker）至少步行了半英里多才到達事故現場。他們倆在休士頓北部的克倫恩建立了一所教堂，也曾在我參加的會議中演講。我不確定我和他們在三一松會議中心有正式見過面，也許有吧。我聽說過迪克·奧尼瑞克有很多年了，但在那次會議上，我是第一次親眼見到他。

星期三上午，奧尼瑞克夫婦在我出發前的幾分鐘就離開了三一松。以休士頓而言，這個一月早晨算是十分寒冷。在他們出發不久後，安妮塔就說：「眞的很冷耶，我們可以停下來喝一杯咖啡嗎？那也許會令我暖和些。」

迪克看見李文斯敦湖的旁邊正好有一家魚餌專賣店，於是他們停了下來。顯然，當他們在買咖啡的時候，我的車正好經過那裡。

這事發生以後，有許多次迪克將他的臉埋在雙手中說：「你知道那次意外應該是發生在我們身上的，應該是我們，只因爲我們停了下來，而你開到我們前面，所以你被撞上了。」

在奧尼瑞克夫婦到達大橋之前，事故已經發生，交通也爲之停擺了。人們從車子裡下來，互相打探到底發生了什麼事，傳遞著一些有限的訊息。

當迪克和安妮塔下車，他們也照樣向身旁的駕駛人詢問：「前面發生了什麼事？」

消息從前面一直傳過來，原來發生了一起嚴重的車禍。「一輛卡車撞上了一輛小汽車」，這就是他們所知道的全部。

迪克和安妮塔在那裡站了幾分鐘，情況並沒有好轉，然後，又有更多的車子加入車陣之中。大概在十二點半到十二點四十五分之間的某一刻，他們決定向前走，去事故現場看一看。當他們遇見一位警察時，迪克問道：「我是牧師，有什麼我可以幫忙的嗎？有什麼人我可以爲他禱告的嗎？」

警察搖了搖頭：「那兩部車子裡的人，」他邊說邊指著：「稍微受了一點驚嚇，但沒什麼大礙，你願意的話，可以跟他們談談。」

「那另一輛車呢？上面蓋著帆布的那輛？」

「那輛紅色汽車裡的人已經死了。」

當迪克與警察交談的時候，安妮塔走向另外那幾輛車，她把幾乎沒喝幾口的咖啡給了一位老人。

迪克後來這麼描述當時的情況：「那一刻，上帝對我說：『你必須爲那輛紅色汽車裡的人禱告。』」迪克是一位優秀的浸信會牧師。爲一個死人禱告，顯然有違他的神學觀念。**「我不能這麼做！」他想：「我怎麼能去爲他禱告呢？那個人已經死了。」**

這時候，大雨已轉成毛毛細雨，但迪克似乎忘卻了周遭的環境。迪克望著警察，知道自己接下來要說的，也許別人將無法接受。然而，上帝對他說的話是如此清晰，以至於他對接下來要做的事沒有懷疑。上帝要他爲一個死人禱告，即使這看起來有些異常，迪克對聖靈在那一刻的催促也沒有存疑。

「我想爲那輛紅色汽車裡的人禱告。」迪克終於開口，向警察提出這個請求。

「我說過他已經死了。」

「我知道這聽起來有點奇怪，但我還是想爲他禱告。」

那警察盯著迪克看了許久，接著才說：「好吧，如果你眞要這麼做，就去吧，但我必須告訴你，那景象很可怕。那人已經死了，帆布下的情況慘不忍睹，到處都是玻璃碎片和血跡，屍體也已經不成人形。」

迪克當時四十多歲，他說：「我在越南當過軍醫，所以血對我來說不是問題。」

「我提醒過你了。」警察停了一下，聳聳肩說：「你請便吧，但我必須告訴你，你肯定沒見過比這更慘的屍體。」

「謝謝。」迪克說著，走向那輛蓋著帆布的車。

從那張被撞壞的車子殘骸照片來看，要進到車子裡幾乎是不可能的，然而，迪克不知用什麼方式爬進我的福特車廂內。那是一輛掀背式汽車，但斜背部分已經損毀。我還是被帆布蓋著，迪克也沒有移動那塊布，車子裡仍是一片漆黑。迪克爬到我的背後，靠在後座上，然後把他的手放在我的右肩上。

他開始爲我禱告。他後來說：「我感到有一股力量正催促著我禱告。我不知道那個人是誰，也不知道他是不是一個基督徒。我只知道，上帝要我爲他禱告。」

迪克禱告的時候，情緒變得十分激動，幾次控制不住的哭起來。然後他開始唱詩。迪克的聲音很宏亮，常在會眾面前唱歌。他在禱告中停頓了幾次，唱了一首讚美詩，然後又禱告。

迪克不僅相信上帝呼召他爲我禱告，也特別爲我可以脫離腦部及身體上看不見的內傷禱告。

這有點奇怪，因爲迪克明明知道我已經死亡。不但警察告訴過他，他也親自測試了我的脈搏。他不明白爲什麼要爲我禱告，除了那是上帝的要求之外，別無理由。他也沒有爲我的外傷部位禱告，而是爲我的內傷受到醫治祈求。他說，這是他平生作過最富有感情、最激昂、也最動情的禱告。我後來知道，迪克平時就是個感情很豐富的人。

然後，他又開始唱歌。「多少平安屢屢失去，多少痛苦白白受，皆因未將各樣事情，帶到主恩座前求……」在整個事件中，我唯一能肯定的是，當迪克唱起這首名爲〈耶穌恩友〉的古老讚美詩時，我也和他一起唱了起來。

在我恢復意識的那一刻，我注意到兩件事：第一，我在唱歌——一種與天堂的音調不一樣的歌。我聽見了自己的聲音，然後，我意識到還有別人在唱。

第二件事，就是有人正抓住我的手。那是一種強有力的觸摸，是我回到地上生活後，第一個身體的感覺。

一年多以後我才明白，那隻抓住我的手，有多麼重大的意義。

上帝對他說的話是如此清晰，以至於他對接下來要做的事沒有懷疑。上帝要他為一個死人禱告，即使這看起來有些異常，迪克對聖靈在那一刻的催促也沒有存疑。

5. 從地上到醫院

他們卻羨慕一個更美的家鄉，就是在天上的。所以　神被稱爲他們的　神，並不以爲恥。因爲祂已經給他們預備了一座城。

《聖經》希伯來書 11：16

我不清楚從一輛撞爛的車子中掙脫出來的世界紀錄有多快，但是迪克．奧尼瑞克在那個星期三的下午顯然打破了這個紀錄。當一個死人開始跟他一起唱歌的時候，迪克連滾帶爬的衝出那輛被撞爛的車子，趕緊奔向最近的緊急救護人員。

「那人活了！他沒有死！他還活著！」

誰會相信他呢？一位牧師爲著已經死亡一個半小時的人禱告，然後他衝過馬路叫喊著：「那個人活過來了！」

緊急救護人員全都以奇怪的眼神盯著他。

「那人活了！這個死人還跟我一起唱歌！」

迪克後來想想，那些話還眞可笑，但當時他只能使勁的喊叫：「他在唱歌！他還活著！」

「哦，是嗎？」一位醫護人員用奇怪的語調問道。

「眞的，這人活了。」

「我們是專業醫護人員，我們知道什麼是死人。那個人已經死了。」

「我告訴你，那個人剛剛還跟我一起唱歌。他還活著。」

「驗屍官正在路上。」他解釋，雖然他們知道我已經死亡，但在相關職權人員正式宣告死亡之前，他們還不能搬動屍體。「我只能告訴你這麼多：他死了。」那個人轉身離開迪克，拒絕到我的車子這裡來。

有幾輛救護車已經來過，也離開了。

迪克走向那輛還留在現場的救護車，對司機說：「那個人還活著，快去看看他。」

那位緊急救護人員開始像對低能兒說話一樣的對他說：「我們的事請你別插手，那個人已經……」

「你聽好！我現在就要躺在這座橋上，如果你不過來的話，那你就把我壓死吧。」

「他死了。」

「你可以笑我，但請你再試試他的脈搏。」迪克請求道。

「好吧，我們爲了你再檢查一次。」那人一邊嘟囔著，一邊走到車子旁，掀起了帆布，俯身向車裡，抓到了我的右臂。他測到了我的脈搏。

一下子，每個人都跳了起來，開始行動。他們思索著該怎樣才能把我從車子裡救出來。他們原本可以把我從另一側移出來，但那樣我的左腿就沒辦法一起出來。在我左腿和座位之間的儀表板無法清除，所以，他們只能考慮截肢。反正我的腿也差不多要與身體脫離了。其實我也不敢肯定他們是不是可以把我的右腿也弄出來，問題是，即使他們可以不用特殊工具把我弄出來，也無法把我的身體完整取出。

他們決定還是等待合適的工具來到。他們打電話叫特殊工具車從亨茨維爾趕來，只是那至少有三十英里路。我相信他們爲我盡力了，但我什麼也記不起來。我模糊的意識到有人在我身旁走動，觸摸我，還有談話聲。我只聽得到聲音，卻不知道他們在說什麼。迪克不肯離開我，他回到車子裡，跪在我的背後，並且繼續爲我禱告，直到特殊工具車來到。大家把我抬進救護車之後，他才從我身旁離開。緊急救護人員把我抬出車子的時候，我記得至少有六、七個男人在幫忙。抬我的時候，我聽見他們談論我的腿。有一個人好像提醒大家要小心點，以免我的左腿脫落下來。

我的整個身體系統在驚嚇之中，所以並未感覺到疼痛——至少當時沒有感覺。

痛苦後來才來到。

他們把我放在擔架床上，推向救護車。一陣輕霧朝我的臉上飄送過來，除了隱約看到頭上的大橋輪廓外，我什麼也看不見。我無法轉動頭部，卻聽見人們走動的聲音，以及他們腳下玻璃碎裂的聲音。他們壓低了聲音講話，所以聽不清楚到底在說些什麼。

記得我當時在想，這裡發生了可怕的事，而且是發生在我的身上。雖然知道他們正將我抬進救護車，但我感覺自己彷彿毫無重量。

我不記得救護車一路是怎麼開的，事後才得知，我們去了兩家醫院，而兩家都跟鄉村診所差不多。

「我們沒辦法爲他做什麼。」我聽見一位醫生在檢查我之後說道。

「他沒辦法撐過來的，你們把他活著弄出車子，但沒什麼用處，他沒希望了。」

於是他們把我推回救護車，然後開走。我模糊的記得他們最後把我送到亨茨維爾醫院，一家地區性的中型醫療中心，這時差不多是下午兩點半。

當局已經通知我的妻子伊娃。她正在學校教書，有人打電話到學校，把事情的經過告訴了她。也有人通知我們三個孩子所在的學校。教會的會友幫忙把孩子接到他們的家裡代爲照顧，一邊等著伊娃帶來的進一步消息。

當時沒有人知道我在幾個小時以前已經死了。在我回到人間的最初幾個小時，他們根本不清楚我受傷到什麼程度。但即使對我的實際情況一無所知，教會的朋友們已經開始爲我的康復禱告，並通知更多的人加入禱告。

伊娃也是在事故發生差不多兩星期以後，才從來探望我的迪克·奧尼瑞克那裡得知我曾經死亡，也才明白當時的情況有多嚴重。而那個時候，我們的保險經紀人，南園教會的會友安．迪爾曼，也把當時的車身殘骸照片送了過來，這些照片是在車子從橋上運走後拍攝的。伊娃說，她過了好長一段時間才眞正明白當時的情況有多可怕。她說，也許是因爲沒有刻意注意事故本身，當時的她將所有的心思放在應付當下需要立即處理的事情上。

當我們的孩子、其他的家人，以及朋友們把事故當時的情況一點一點拼湊起來，他們才發現那場事故是何等嚴重，而我的生命當時又是如何危在旦夕。

其中一位緊急救護人員對我說：「我們已經到了，你會沒事的。」

當他們把我的擔架床推進醫院的時候，我還有一點意識。我呆呆的看著一大群人急著讓出通道，然後看著我的擔架床從他們身邊滑過。有許多張臉低頭看著我，當我的擔架床前行時，這些眼睛在我眼前一一閃過。

我被帶進一個房間，那裡有一位醫生正等著我。奇怪的是，我唯一記得有關這位醫生的，就是他的禿頭。他花了好長一段時間爲我檢查，然後對我說：「派普先生，我們會盡一切所能救你的。」他肯定把這句話說了三遍。

「你傷得很重，非常嚴重，但我們會盡一切努力的。」

話是這麼說，但我後來了解到，他其實並沒有把握我能存活。但是他盡力讓我保持希望，並且要我堅強的爲能活下來而奮戰。有好幾個人在我旁邊走動，顯然他們是在努力搶救我的生命，但我還是沒有感覺到疼痛。我好像是活在生命的臨界狀態，沒有感覺，只對周遭進行的事物有一絲模糊的記憶。

「你的太太在電話上。」有人對我說。他們把她的來電接進了急救室，一位護士把聽筒放在我的耳旁，我記得我跟伊娃說了話，但是說過什麼我卻一個字也想不起來。

伊娃還記得整段談話，據她說，我說的唯一一句話就是：「發生了這種事，我眞抱歉。」

「不要緊的，唐，這不是你的錯。」伊娃安慰說。

一遍又一遍，我像小孩子一樣不停的重複著：「我眞抱歉。我想回家，請帶我回家。」我想我當時一定覺得，如果不能待在天上的家，那我一定要回到在地上的家。

此時我算夠清醒，因此知道他們要把我用急救直升機送到休士頓荷爾曼醫院急救中心，但天氣實在很惡劣，雲層太低，直升機無法起飛。

我的情況正急速惡化，醫生也不確定我是否能撐得過那個下午。儘管如此，他們還是做出了重大決定：將我抬回救護車，開八十英里的路去休士頓。因爲他們沒有足夠的設備來救我，而荷爾曼醫院是唯一能給我一線生機的地方。

他們找來了一輛嶄新的救護車。奇妙的是，以我當時那樣一個生命垂危、隨時可能死亡的重傷患者，仍然可以感覺到那輛新車的味道，以及嶄新的烤漆。

「你是我們的第一個病患。」車子開動的時候，隨車醫護人員對我說。

「什麼？」

「你是乘坐這輛救護車的第一個病患。」他說：「我們要把你送去休士頓，而且要很快。」

「我們要開多快？」司機問坐在我旁邊的醫護人員。

「以你最快的速度。」

「那應該是多快呢？」司機又問。

「油門踩到底！我們得馬上到，最好立刻就到！」

在我們出發往休士頓之前，我依然沒有任何疼痛的感覺，我徘徊在昏迷和清醒之間。我感覺不到自己的重量，似乎我的思想與身體失去了連繫。然而，在上路後約莫十分鐘左右，一陣輕微的抽痛來臨。最初，我感覺到左臂微微的痛楚，然後是左腿開始抽痛，接著我的頭也開始痛了起來。不出幾分鐘，我已感覺到全身都在疼痛，分不清確切的部位了。我在全身都極度痛苦的情況下呻吟、喊叫著，希望能讓痛苦減輕一點。重傷的力量侵蝕了我的全身，彷彿我身體的每一部分都被傷害、擊打或重擊，我想不出身上有哪一處沒有令我感到椎心之痛。我想我一定放聲喊叫了，但我不確定。每一次心跳都好像是一把大鍾，捶打著我身體的每一個部分。

「你幫幫我吧！求求你！」我終於開口求救。我只記得我說：「藥，給我用點什麼……」

「我已盡力了。」

「是嗎？」他的話好像沒有道理。如果他們已經給我用了藥，爲什麼我還會感覺這麼痛呢？「求求你……」我再一次懇求他。

「我不能讓你失去知覺。」那個醫護人員說：「你必須醒著。」

「求求你！給我用點什麼吧……」

我不明白爲什麼我必須保持清醒，如果他們把我弄昏，我就不會感覺到疼痛了。

「求求你。」我再一次向他乞求。

「眞的很抱歉，我不能再給你用藥了，你經歷得夠多了，像你這樣的情況，多數人肯定早就昏迷，你是個大個子，只是我絕對不能讓你失去知覺。」

接下來那一段折磨人的路程中，我一定是哭喊呻吟著，甚至大喊大叫了不知多少次。救護車顛顛簸簸的穿梭在車流中，鳴笛聲也一路作響不曾停歇，這是我一生中如惡夢般最痛苦的路程。

直到現在，每當我閉上雙眼，仍然可以感覺到救護車在蜿蜒起伏的道路上顛簸的駛過路肩的情形。我記得有一位緊急救護人員好像說，尖峰時間交通開始壅塞了，我猜想那時候應該是下午五點左右。突然間我驚覺，時間怎麼會過得那麼快，已經晚上了。

這段路途好像漫長而永無止境，我在途中有好幾次痛昏過去。最後，我們終於來到休士頓荷爾曼醫院的急診室。

此時已經是下午六點二十分，距離車禍發生已經六個半小時了。

在我抵達休士頓的醫院之時，已經有幾千個人在爲我禱告了。他們把消息傳了出去，於是上百間教會的會友也開始爲我能康復而禱告。在接下來的幾天中，有關我傷勢的消息傳開來，更多的人加入禱告。在接下來的幾年中，我遇到許多曾經向上帝禱告醫治我生命的人。也許正在閱讀此書的人當中，也有不少曾經爲我的生命得救和康復禱告過。我只想說，那些禱告是有果效的：我活了下來，而且如今仍然活著。

當緊急救護人員把我的擔架床抬出救護車時，我看見伊娃的臉。在她身旁站著我們教會的一位執事。我的樣子想必很可憐，因爲我感覺他們好像在看著一隻走失的小狗。他們很驚訝，呆呆的望著我，什麼也沒說。

伊娃一直看著我。直到那一刻，我還只是模糊的記得我的身體遭受了什麼。疼痛並沒有減輕，但我還是沒意識到我出了車禍，也沒有想到我已經生命垂危。

我望著她的臉，看到她眼底蘊藏的極度痛楚。她也許對我說了一些安慰的話，我不太記得了。我只記得我感覺到她的痛苦，以及怕我無法活下來的恐懼。

那時我知道，我的情況一定是糟透了——事實上的確如此。我的胸腔已經變成紫色，醫護人員幾乎將我的整個身體都纏上了繃帶。我的臉上、胸部，還有頭上，到處都布滿了碎玻璃。我可以感覺到有小碎片從我的皮膚上掉落下來，散落在我頭旁邊的擔架床上。

不需要別人來告訴我，我的樣子有多駭人。就算是認識我的人，我想也一定沒人可以認得出我，我不知道伊娃是怎麼認出我的。

我的疼痛已無法測量，在急救中心裡，有一位護士爲我打了一針嗎啡，接著又打了幾針，但全都沒有用，沒有什麼可以減輕我的疼痛。

抵達荷爾曼醫院後不久，他們就把我送進手術室。我在那裡面足足待了十一個小時。在全身麻醉之下，我終於不再感到疼痛。

這一夜，我親愛的朋友克理夫．麥克阿多（Cliff McArdle）一直陪在伊娃身邊。我和克理夫，還有我最好的朋友大衛．堅太爾（David Gentiles）一起從神學院畢業後，就是教會事工上的朋友，到現在一直都非常親近。

再一次清醒過來時，已經是星期四的早晨。睜開眼睛的那一刻，我不知爲什麼，知道自己是一間新加護病房的第一個病患。有一位護士正在清洗我的傷口，另一位則正在幫我做牽引。我可以感覺到她正在我的膝蓋和手臂之間放上金屬棒。我聽見了自己的叫喊。

「我們已經幫你做了核磁共振（MRI）。」醫生說。那時，我才意識到他在房間裡。

「你傷得很嚴重，但是有一個好消息，你的頭部和胸腔都沒有受傷。」

只是那一刻，我並不關心我的傷口在哪裡，因爲陣陣的抽痛蔓延了我的全身，超過我所能想像、承受的。

我只想解脫。

事故發生的兩星期後，當迪克．奧尼瑞克來醫院探望我時，我剛從加護病房轉到普通病房。他向我提起，當時上帝感動他爲我禱告，而他爲我禱告了幾分鐘的過程。

「最幸運的是，我的頭部沒有外傷和內傷。」我說。

迪克輕聲笑了：「當然是這樣，上帝就是要我這樣爲你禱告的，上帝也回應了這禱告。」

「你相信嗎？你相信上帝應允了那禱告嗎？」

「是的，我相信。」他說：「雖然你受了很重的傷，但我知道上帝是回答我的禱告的。」

我花了幾秒鐘才明白他的意思。從撞擊的力道和強度來看，我應該會受到內傷，然而甚至連醫生也驚訝的說：我的頭部和胸腔沒有受傷。

「我跟你說⋯⋯」我對迪克說：「我知道我受了內傷，但是從那座橋到這家醫院的這段時間，我的內傷消失了。」

迪克的眼淚順著臉頰流了下來，他說：「是的。我真希望我可以一直那樣禱告。」

你相信嗎？你相信上帝應允了那禱告嗎？我只想說，那些禱告是有果效的：我活了下來，而且如今仍然活著。

6. 開始康復

我們若照他的旨意求什麼，他就聽我們。這是我們向他所存坦然無懼的心。既然知道他聽我們一切所求的，就知道我們所求於他的無不得著。

《聖經》約翰一書 5：14－15

疼痛成了我相左右的朋友，有很長一段時間，我竟忘了全身不疼痛是怎樣的感覺。

儘管如此，事故發生之後的那幾天，我開始意識到在這事件中發生了許多神蹟。也許有人把這些事看成純粹的幸運，但我視它們爲神蹟，因爲我相信，在上帝是沒有偶然和意外可言的。

首先，我當時繫上了安全帶。我不得不羞愧的承認，在收到罰單之前，我從不繫安全帶。那天早上，我刻意扣上了安全帶。

第二，這次事故是發生在橋上。如果事故是發生在我向橋行駛的途中那個跨湖的開放式高速公路上，會怎麼樣呢？我的車肯定會掉進湖裡起碼三十英尺深，我也早就淹死了。

第三，我的頭部沒有受傷。每一個看過我或是看過我病歷的人都說，我頭部沒受傷眞是不可思議（連伊娃也開玩笑的說，她有時也不敢確定，我是不是眞的頭部沒受過傷）。而同樣令所有醫護人員迷惑不解的是，這次事故居然沒有影響到我的內臟，這顯然是醫學所無法解釋的。

第四，當天在荷爾曼醫院值班的骨科醫師湯姆．格雷德（Dr. Tom Greider）救了我的腿。格雷德醫師「恰好」是全美屈指可數能夠處理這種奇特病例的醫師之一。他在我身上使用一種稱作「伊理扎諾夫支架」（Ilizarov frame）的新型實驗性治療，並在事故發生一星期後，爲我動手術。植入伊理扎諾夫支架不僅救回了我的腿，而且還使我那在事故中失去的四英寸左大腿骨可以變長一些。大腿骨是人體中最大的骨頭，通常不容易碎裂。

當格雷德醫師檢查我的時候，他面臨了一個抉擇。他可以用伊理扎諾夫支架，或是截肢。即使他選擇使用伊理扎諾夫支架，也無法確定我一定可以保住那條腿。事實上，那時候他根本不確定我是否能撐得過來。如果換成一位經驗不足或比較不負責的醫師，可能就會選擇截肢，因爲醫師很可能認定我遲早會死，用哪種方法其實差別不大。

第五，有許多人在爲我禱告。我收到數千張卡片、信件和禱告卡，其中有許多人與我素不相識，信件更來自我從沒去過的地方。他們爲我禱告，是因爲他們聽說了這場意外。我事後得知，這個經歷改變了他們的禱告生活，使他們更加相信禱告的力量。

在我被送進荷爾曼急救中心的那一晚，我接受了十一個小時的手術。在手術過程中，我右腿的斷骨被接上，左前臂被固定，因爲每根骨頭都少了兩英寸。我的左腿被套上牽引架，因爲我的大腿骨少了四英寸半。手術中，有一根呼吸管被誤塞進我的胃，使我的胃膨脹起來，而我的肺卻幾乎萎縮了下去。他們隔了好幾天才弄清楚我胃脹的原因。因爲我的上半身無法起來，呼吸變得更糟，我感染了肺炎。我差一點又死了。

由於身上到處都是傷，而且有些顯然非常嚴重，醫生幾乎不知道該從哪裡開始治療。有些一開始不很嚴重的傷，在幾星期之後也開始變得嚴重。直到幾年後，他們才發現原來我的骨盆也有破碎，而他們最初並沒有發現這個傷口。

我躺在病床上，身上到處都是針頭和維生設備。我無法動彈，也幾乎看不到氧氣面罩外的東西。在加護病房的人多數日子裡，我處於時而昏迷、時而清醒的狀態。有時候我醒來，看到人們站在床邊，便心想，我是眞的在這裡呢，或者一切只是一場夢？

在我的四周都是醫院的監測儀器，指頭上套著一部血氧濃度測量計，監測著我的血氧濃度。由於我的吸氧量不足，警報器常常會響起來，護士們聽到就會趕緊衝進來。

荷爾曼醫院的加護病房靠近停機坪，直升機整天在那裡起起降降。在我醒著的時候，我會感覺自己彷彿置身在一部越戰影片中。由於房間裡沒有鐘，我完全沒有時間概念。

鄰床還有其他病人，彼此之間通常只隔著一道簾子。我不只一次醒著看見勤務人員抬出去一副擔架，上面是一具蒙著布的屍體。身爲牧師，我知道有很多人無法活著走出加護病房。

下一個會不會就是我？我常常問我自己。

雖然有這樣的疑問，身體的疼痛卻使我無法關注這件事。我只希望不再痛苦，而死亡，似乎是最快的解決方式。

我經歷了天堂，現在返回人間，卻遭受著無法想像的地獄般折磨。很顯然，在我的情況改善之前，我的態度無法很快改變。

夢魘般的聲音，日日夜夜不絕於耳，呻吟聲、叫喊聲、尖叫聲常常擾亂了我的休息，把我弄醒。這時，會有護士走近我的床邊問：「你需要幫忙嗎？」

「妳在說什麼？」我會問。有時候我只是盯著她看，不明白她爲什麼會那麼問。

「你聽起來似乎很痛苦。」

是的，我想我的確是。然後我會問她：「妳怎麼知道的？」

「因爲你在喊叫。」

這時我才意識到，我聽到的叫喊聲有些是我自己發出來的。那些呻吟和喊叫，是我在想做一些簡單動作譬如挪動手或腳的時候，情不自禁發出的。住在加護病房眞是可怕，他們都盡了力，但痛苦彷彿永遠不會減弱。

「上帝啊，我回來是爲了忍受這些嗎？」有很多次我忍不住大聲呼喊：「祢讓我回到人間是爲了這些嗎？」

我的情況持續惡化。由於我的左腿少了一段骨頭，不得不仰臥平躺著（他們後來沒找到那段骨頭，顯然骨頭在我的腿被車座椅和儀表板撞斷時，從車子裡飛出去掉進湖裡了。）由於不得不筆直平躺，我的肺裡積滿了液體。還沒有意識到我的肺已經疲弱不振，護士和呼吸科醫師逼我戴上一部叫做肺活量計的大型塑膠呼吸儀器，以改善我的肺活量。

第六天，我幾乎快死了，醫院連絡我的家人來看我。我的肺炎變本加厲，醫生認爲我活不過那天晚上。

我撐過了那些外傷，現在卻要死於肺炎。

我的醫生對伊娃說。

「我們必須採取一些措施。我們若不截掉他的腿，就必須採取更激烈的處置。」

「多激烈呢？」

「如果我們不採取這樣的處置，你的丈夫就沒辦法活到明天早上。」

就在那時，禱告的神蹟開始眞正彰顯出來。數以百計的人聽說了我的事故後，就一直在爲我禱告，我也知道這一點。但是，直到那一刻，情況似乎都沒有好轉。

伊娃打電話給我最好的朋友，在聖安東尼奧擔任牧師的大衛．堅太爾：「請你快來看看唐吧，他需要你。」

沒有任何的猶豫，我的朋友取消了所有的行程，跳進汽車，開了約兩百英里的路來看我。加護病房的護士允許他進入我的病房，但只能停留五分鐘。

那幾分鐘改變了我的生命。

我從不曾有意識的這樣想，但當我躺在那裡，認定復原的機會渺茫，也沒有聽到哪個人對我說我可以恢復正常——這種情況下，我眞的不想活了。不只是因爲我得面對那持續不減的疼痛考驗，還因爲我已經去過了天堂。我眞想回到那個完美的榮耀之地。「帶我回去吧，上帝！」我禱告說：「請祢帶我回去。」

回憶充滿了我的腦海，我渴望再一次來到那扇門前。「求求祢，上帝！」

而上帝對我禱告的答覆是：「不！」

當大衛走進病房時，我已經被疼痛和藥物弄得神智不清了。我不得不先在腦海中確定他是眞人。這是我的幻覺嗎？我問自己。

就在這時，大衛握住了我的手，我可以感覺到他的觸摸。是的，這眞是他。

他勾住我的手指，這也是他唯一可以抓住的。我的靜脈因注射過多已漸疲乏，在我身上裝了一條管子，經過胸腔然後直接到心臟。我曾經把靜脈注射的那些管子，比喻成排列整齊的士兵。我甚至在腳趾尖的靜脈處也扎過針。我往下看到這些地方，才明白他們在我的腳上扎針，是因爲我的身上已經沒有其他的地方可以扎了。

「你會撐過來的！」大衛說：「你一定要堅持。你已經堅持到現在了。」

「我不一定要撐。我不知道……我……我不知道我是否想堅持下去。」

「你必須這麼做。即使不爲你自己，爲我們你也要堅持。」

「我快沒氣了！」我說：「我盡了力。我盡了所能，我沒有別的可以給了。」我停頓一下，喘幾口氣，因爲即使只說兩句話，也已經用掉我大量的精力。

「你一定要堅強。我們不會讓你走的。」

「如果我能堅持下去，也是因爲你們要我堅持。我不想堅持了。我很累。我已經盡力奮鬥，也準備好面對死亡。」

「好吧，你什麼都不用做，我們會幫你做的。」

我不明白他的意思，就只看著他嚴肅的臉。

「我們不會讓你死的。你明白嗎，唐？我們不會讓你放棄的。」

「讓我走吧……」

「不，你會活下來的。你聽到沒有？你會活下來的。我們不會讓你死的。」

「如果我活下來……」最後我說：「那是因爲你要我這麼做。」

「我們要來禱告！」他說。當然，我知道人們已經在爲我禱告，不過他接著又說：「我們會整夜爲你禱告，並打電話給所有我認識能禱告的人。我想讓你知道，我們這些關心你的人正徹夜爲你守望。」

「好吧。」

「我們會這樣做的，唐。你不需要做任何事。」

我眞的不在乎他們是否爲我禱告了，我的疼痛煎熬著我，使我不想再活下去。

「從現在開始，由我們來負責。你不需要做任何事——不用做任何事——就可以活下來。你所要做的，就是躺著別動，讓一切自然發生吧。我們要用禱告來幫你度過這一關。」

他輕輕的對我說了一、兩分鐘，我沒有再說什麼。疼痛加劇了——如果還有加劇的餘地話——對於他接下來所說的，我已無法集中精神去聽。

「我們來負責。」大衛在我的額頭吻了一下，然後離開。

接下來是整夜的禱告守望。那一次的守望，成了我後來治療及一連串神蹟的轉捩點。

第二天，我的肺炎不見了，是他們的禱告將它趕走的。醫護人員也發現呼吸管的位置錯了。

第七天，格雷德醫師又爲我做了一次長時間的手術，安裝了伊理扎諾夫支架，讓我能夠坐起來接受呼吸方面的治療。他們還除掉我胃裡的脹氣，這樣一來，我的肺就有擴展的空間了。

通常，醫院都需要事先做六個月的審議，才可以批准安裝伊理扎諾夫支架。按我的情況，醫生無法向伊娃保證這種新型治療法是否奏效。他們告訴她，使用伊理扎諾夫支架會引起劇

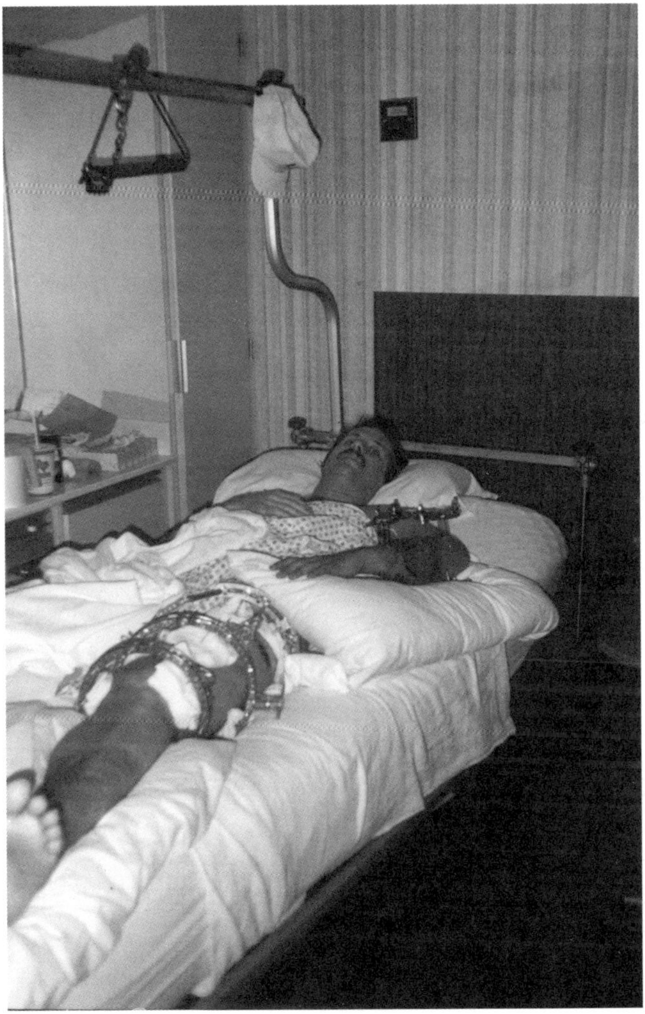

唐的腿上安裝了伊理扎諾夫支架。

烈的肉體疼痛，以及極大的情緒和心理壓力。更糟的是，他們警告她，即使承受過這一切，我還是可能會失去我的腿。

「這是十分痛苦的，需要好幾個月、甚至好幾年的時間才能恢復。」外科醫師對伊娃說，並且再一次提醒她最壞的結果——我可能還是會失去我的腿。

「但是，如果不用這種方法，我們根本沒有別的選擇，只能做截肢手術。」

他輕聲解釋說，如果他們爲我截肢，就會爲我安裝一副義肢，而我必須學會用義肢走路。

伊娃完全明白我受傷的程度，以及我可能需要長時間承受莫大的痛苦。她的思慮爲各種利弊得失掙扎了幾分鐘，然後靜靜禱告，祈求上帝的引領。

「我同意簽名。」最後她說。

在另一次長達十二小時手術後的隔天上午，我醒了過來。看見蓋在我左腿的被子之下，有一個巨大的隆起物。我掀開被子，見到的東西幾乎令我無法呼吸。我的左腿上有一個很大的不鏽鋼環，從臀部一直到膝蓋下方。有一位護士走進來，開始在我的腿旁忙碌起來，但我不知道她做了什麼。

這時我才意識到，伊娃正坐在我的床邊。

「怎麼了？」

我問：「她在做什麼？」

「我們需要談一談。」她說：「這是一個幫助你長骨頭的裝置，我昨天同意的。我們把它叫做固定器。這也是醫生可能保住你左腿的唯一方法。」她說：「我相信值得冒這個險。」

我記不得我是否回答了她。有什麼可說的呢？她做了她所能做的最好決定，而且是被迫獨自決定。

就在此時，我看見這部儀器上連著的電線。「這些電線要穿透我的腿部嗎？」

「是的。」

我不解的搖了搖頭。「它們要穿透我的腿部嗎？」

「這是一種新的科技。他們想要保住你的腿。」

我不知該說些什麼，只是點了點頭，想盡可能放鬆點。

「我相信行得通。」她接著說。

但願她說的對。我完全沒想到，在差不多一年之後，我還是得這樣眼巴巴的看著這個東西。

「上帝啊，我回來是為了忍受這些嗎？」我多次忍不住大聲呼喊：「祢讓我回到人間是為了這些嗎？」

去過天堂90分鐘 90 Minutes in Heaven

7. 決定和挑戰

誰能使我們與基督的愛隔絕呢？難道是患難麼，是困苦麼，是逼迫麼，是飢餓麼，是赤身露體麼，是危險麼，是刀劍麼？（如經上所記，我們爲你的緣故，終日被殺。人看我們如將宰的羊。）

《聖經》羅馬書 8：35－36

對我來說，除了肉體的疼痛之外，最難面對的就是家人和親朋好友的反應。我的父母住在離休士頓約兩百五十英里以外的路易斯安納州，但他們在我第一次手術的隔天就趕到了。我母親是一位堅強的婦人，我一直以爲她能應付任何事，但是當她走進加護病房看到我的時候，還是昏過去了。我父親不得不扶著她離開病房。

母親的反應，使我意識到自己看起來有多可憐。

事故發生之後，最初幾天的我是一片恍惚。我不確定是否眞的有人來探望過我，還是我自己的幻覺——伊娃和護士告訴我，我有時處在神智不清的狀態中。

醫院允許每天有人來探望我，只是有限定每次幾個人。雖然探病者沒說什麼，但我從他們憂傷、憐憫的眼神中，可以清楚的看出他們的心情。我這樣說，是因爲我察覺到他們是如何看我。現在回憶起來，也許我是錯的。我想或許是當時我認定自己一定會死，而我也確實想死，以至於我把自己的感覺當成是別人的反應。

無論是對還是錯，當時的我確實覺得，我在他們眼中只是一個纏滿紗布的軀體，而非一個活生生的人，所以儘管他們對我說了許多鼓勵和安慰的話，我總覺得他們心裡可能認爲我隨時會死。我甚至想像他們是趕來見我最後一面，與我訣別的。

儘管我的肺炎症狀消失了，還是得繼續治療後遺症。護士每隔四小時就得來一次，對我進行呼吸復健治療。她們拍打我的胸膛，迫使我透過一只塑膠的口鼻罩吸入一種氣味難聞、味道怪異的東西，據說這種東西能在我的肺裡形成一層膜，使肺炎不再復發，並且使我的肺臟得以恢復。那時候，每次我醒來，看到護士走進來，心裡便想著：**哦不，又來了！她們又要來讓我吸那種東西，又要來拍打我，讓我的痰咳出來。**雖然這個療程很痛苦，效果卻不錯。荷爾曼醫院急救組的組長胡慶斯醫師每天都來看我幾次。他對待病患並不溫和，但卻以獵狗般的執著態度，不願失去任何一個病患。

他硬性要求我吸氣。「現在不要停，不要停，繼續吸。」看我病成那樣，他在一旁爲我拚命打氣：「別放棄，繼續吸。」

他不但這樣說，而且幫我一起做。

我常常沒力氣再吸下去，就停了下來。

這時我就看見他臉上露出失望的表情，之後甚至變成了惱怒：「你沒聽見我的話嗎？現在快吸！吸氣，然後咳嗽，快點！」

我搖搖頭，已經沒有力氣再做下去了。

「這可沒什麼好商量的，現在你一定要吸！來吧，快吸！」

「我沒辦法了。」

「好吧，你不做，你就死定了。你不做的話就會死，你懂嗎？」

我本來就不想活了，但是當他對我喊叫的時候，顯然有什麼改變了我。

我乖乖的開始吸氣。

不久之後，醫護人員開始想辦法把我的腿抬起來，這樣我就可以坐起來了。可以坐起來已經比以前進了一大步。我本來以為自己再也無法側躺或俯身躺著。

還在加護病房的時候，我感覺每次我睜開眼睛眨眼時，不出幾秒便有人把盛滿食物的湯匙，推進我的嘴裡。

「張嘴。」

有一次是一個男人的聲音。

我睜開眼睛注視他。拿湯匙的是一個身材魁梧的男子。他托起氧氣面罩，輕輕把湯匙放進我嘴裡。「對了，就這麼吃。」

我順從的嚥了下去，然而，在迷迷糊糊中，我也開始思索這究竟是怎麼回事。

慢慢的，我意識到這是史丹·莫爾丁的聲音。他是愛爾文中學胡蜂隊的橄欖球隊首席教練和運動部主任。在我復原期間，我的女兒就是住在史丹和蘇珊、還有他們兩個孩子的家。莫爾丁教練聽說我不願進食，體重以危險的比率下降（那時候我雖然才掉了幾磅的體重，但住院的前六個星期，我的體重幾乎掉了五十磅），於是他在百忙中抽空來到荷爾曼醫院。他不只是來探望我，還讓護士把我該吃的食物拿給他，然後一直坐在我床邊，等著我醒來。

一看到我完全清醒過來，史丹就開始給我餵食，同時還對我說話。而我呢，也一邊盡力咀嚼，一邊聽他說話。在我復原的那段時日，這大塊頭男人溫柔和無私的付出，是我所經歷最爲感人的事蹟之一。史丹是一位集力量與溫柔於一身的傑出人才。

我之前提過伊理扎諾夫支架，這聽起來好像是一種普通的療法，但事實並非如此。伊娃不得不做出一個沒有人可以單獨做的決定，決定讓我使用這種還在試驗階段的療法。

這種儀器本來是用來拉長腿部的，爲了幫助那些患有先天長短腳的患者（有些患者的雙腿甚至相差十二英寸），以及必須依靠輪椅、輔助器或拐杖生活的人。伊理扎諾夫支架會強迫腿裡的骨頭生長，同時保持周遭的組織無損。在伊理扎諾夫支架的機械動力作用下，人體的骨架可以在縫隙間長出新的骨頭。

伊理扎諾夫骨頭生長儀器，也被稱作外部固定矯正器，是一位名叫伊理扎諾夫的西伯利亞醫師所發明的。

伊理扎諾夫醫師在羊的身上進行試驗，發明了這種使斷骨再生或使先天的短骨增長的方法。對於像我這樣失去了一塊骨頭的人，這項治療需要用乾淨俐落的方法切入下肢，把像鋼琴弦一樣粗的電線埋進皮膚和骨頭裡，然後再從另一端把這些線拉出來。

大腿骨的伊理扎諾夫支架，是用鉛筆大小的桿子固定在臀部。醫師鑽了洞，讓四根桿子從我腹股溝的鼠蹊部到我左邊臀側固定住。手術過後，我的左腿部至少打了三十個洞，其中有很多是完全穿過大腿的。大的洞就直接穿過肌肉，而桿子就埋在骨盆裡。在手術完六個月後，我能從針孔處看進腿裡面。

每天都會有人進來病房，在伊理扎諾夫支架上轉動螺絲帽，使骨頭可以伸長。通常都是由護士來完成這項工作。在我從醫院返家之後，這項工作就由伊娃來做。在將近一年的時間，我的左大腿骨就從原來斷骨的基礎上重新生長出來。雖然我必須忍受劇烈的疼痛，而且恢復工作既艱巨又漫長，但這眞是一部非常奇妙的儀器，我稱呼它爲「醜陋的美妙」。

我的左手臂也從上到下插植了六根桿子，手臂的上下端都用頗大的不鏽鋼固定住，因爲前臂的兩根骨頭都沒有了。桿子的大小也跟鉛筆差不多，它們讓格雷德醫師可以從我右邊的骨盆上採集骨頭，移植到我的左前臂上。醫師解釋說，這有點像開鑽油田時的採樣。此外，他們也從我的右腿取了三十二平方英寸的皮膚，移植到我左臂上的大傷口。然後在我前臂新長的骨頭之間，埋置了一條鐵氟龍帶子，以防止新骨頭之間互相沾黏，長在一起。

可惜的是，那樣的技術對我來說效果不大——骨頭雖然生長得不錯，但還是黏在一起了，因此我的左臂沒辦法旋轉或內彎——我的手肘無法伸直，手掌也無法上下翻轉自如。當我伸出手臂，我的手總是處於類似握手的姿勢，也不能向左或向右彎曲。也許這一切的治療看起來很野蠻，而當時我的感覺也的確是如此，但就像伊理扎諾夫支架一樣，手臂的治療奏效了。

是的，伊理扎諾夫支架的治療是有效的——然而這也是整個治療過程中我承受最大痛苦的部分。

埋在我腿裡的不鏽鋼伊理扎諾夫支架，大概有三十磅重，在我手臂裡的外部固定矯正器，也有二十多磅重。無論我坐輪椅（大約有八個月的時間），還是用滾動步行器（近三個月），或是最後用拐杖（有四個月），差不多有一年的時間，我一直負載著這額外的重量。

你能想像凡我所到之處，人們都用異樣的眼光看著我嗎？當人們看到一個坐在輪椅上的人，身上到處插滿了竄出一大截的鋼管，都驚訝得看呆了。

幾乎每一次，我坐著輪椅到格雷德醫師的辦公室接受例行檢查時，其他的病患都會有很強烈的反應。雖然那些病患自己不是上石膏，就是戴著固定的金屬環，或是撐著拐杖，但幾乎所有人都忍不住以奇異的眼光看著我，看著我的桿子及不鏽鋼圈。沒有例外的，必然有人會帶著自嘲的口氣說：「哇，我還以爲我是最慘的呢！」有時還會補上一句：「看到你的樣子，我感覺好多了。」有很長一段時間，我成了評定傷痛程度的度量衡。

我經常跟別人開玩笑說：如果許多年後，考古學家發現了我的屍體，我身上的這些「金屬件」，一定會讓他們驚爲世界奇觀，以爲找到了新物種，因爲我身體的架構已經完全重組過了！

從那時候起，我再也無法把簡單的身體動作看成理所當然。在我復原期間，即使是最小的肢體動作，也成了一項奇蹟。每當我重新學會一個動作，都好像完成一項大工程。

後來我才知道，格雷德醫師費了極大的努力，才找到這個可以保住我的腿和手臂的方法。我將永遠感激他沒有放棄我和我的未來。

我的右膝當時也被壓碎，所以我不得不打上很長一段時間的石膏。他們在我膝蓋骨的地方纏了一個網筐，來幫助傷口癒合。我的右臂，是四肢中唯一沒有斷裂的。

伊理扎諾夫支架的成功並沒有減輕我的疼痛，連一分鐘也沒有。

我不知道我問了多少次「還要多久？」這類的問題。我很想知道，我還要忍受這部儀器多久的時間？還要多久才能判斷這部儀器是否有效？還要多久我才能再一次站起來行走？

沒有人願意或能夠給我一個答案，但我還是不停的問。

「幾個月吧！」通常他們會這麼說。

「到底幾個月？」我繼續追問。

有一位醫師被我逼急了，最後對我說：「需要很多個月，也許更長。」

「你是說，有可能要好幾年？」

「是的，也許要幾年。」

「即使這樣也無法保證，我可以保住我的四肢，是嗎？」

「無法保證。如果突然發生感染，我們也許就不得不把你的腿拿走。」

「你是說，我這樣忍受了幾個月之後，還是有可能會失去我的腿？」

他點點頭。

顯然，這並不是我想聽到的答案。雖然伊娃也跟我說過同樣的話，但我卻不願意相信這個事實。我不斷的希望得到一個保證，保證我可以完全康復。

我想得到一個答案，也許更想要的是一個保證，一個我可以痊癒的保證。我希望可以恢復到以前正常的樣子；我希望可以用自己的雙腿走出醫院，回復以前的生活。但是沒有人願意或能夠給我那些保證。

經過了許多個月，終於有一天，我真的能走著回到那家醫院，並且擁抱所有的護士。

在我接受伊理扎諾夫支架治療之後的那幾個月，我還遭遇到其他問題。有好幾次，我出現感染現象。每一次的感染都迫使我面對一個現實，就是感染有可能會擴及全身，以致我再醒過來時，就會發現自己失去了那條腿。

我在出院後也曾出現過幾次感染，其中有三次我不得不再次住院，進入隔離病房，使用大量的抗生素來控制感染症狀。

那時，有好幾個晚上，我向上帝禱告：「上帝啊，求祢把我帶回天堂吧。我不知道祢爲何要把我帶回地上，請不要把我留在這裡。」

然而，上帝對我的禱告仍舊給了否定的回答。

我還是不知道祂這樣做的全部理由，不過在接下來的時日裡，我漸漸了解至少部分的原因。

在復原的療程中，當我日復一日躺在醫院病床上時，我漸漸明白上帝把我差回人間的用意。我不明白我爲什麼必須承受這麼大的肉體折磨，但我不停的想著大衛·堅太爾說過的話。他說他和其他人爲了我可以活下來，大聲呼求禱告，而上帝應允了他們的禱告，所以我活著必定有一個目的。

在那些慘痛的日子裡，我一直記住大衛的話。有時候我覺得自己完全是靠「上帝讓我活著有一個目的」的這個想法，苦撐著活過來的。

我在荷爾曼醫院的加護病房住了十二天，然後又在荷爾曼醫院住了四、五天。之後，他們把我轉到同一條街上的聖路加醫院。這兩家醫院都是全世界最大的醫療中心之一。我在聖路加醫院共住了一百零五天。回家以後，我又在床上躺了十三個月，並且經歷過三十四次手術。毫無疑問的，我還活著是因為從迪克·奧尼瑞克乃至全國各地，有許多人一直在為我禱告，而這些人當中，有許多是我素不相識的。

那也許是最大的奇蹟：人們禱告，而上帝應允了。

當我回顧這個過程，我看見上帝使用了許多人來救我。迪克·奧尼瑞克用他持續的禱告救了我；格雷德醫師幫助我度過最初的手術過程，並且救回我的腿和手臂；胡慶斯醫師在手術後又用他獵狗般執著的決心救了我的命；而聖路加醫院骨科勇敢的護士們，不分晝夜的照料我。他們每一個人都在我的治療中，扮演了重要的角色。

我把能活著離開加護病房歸功於大衛·堅太爾和其他人為我的代禱。「從現在開始由我們來負責。你不需要做任何事，就可以活下來。我們要用禱告來幫你度過這一關。」

我知道我不會死。

上帝的子民不會讓我死。

從那時起，我再也無法把簡單的身體動作看成理所當然。在我復原期間，即使是最小的肢體動作，也成了一項奇蹟。每次我重新學會一個動作，都好像完成一項大工程。

8. 痛苦和調整

你不要害怕，因爲我與你同在。不要驚惶，因爲我是你的神。我必堅固你，我必幫助你，我必用我公義的右手扶持你。

《聖經》以賽亞書 41：10

也許大家並沒有意識到，事實上探訪者使我的情況變得更糟。大家藉著來醫院探望我，表達對我的關心，於情於理這都是最自然不過的事。然而，問題就出在這裡。

人們不斷的在我的病房進進出出，使我感到非常疲憊。我不能躺在那裡，讓他們坐在我旁邊，一直只是他們對我說話。我覺得自己也需要盡一點牧師的職責，或者有義務調和一下當時的氣氛，讓大家開心一點。我並不想因爲請他們離開或不讓他們來，而傷害任何人的感情。

許多時候我幾乎支撐不住，但我仍不得不強打精神跟他們說笑。有時候劇烈的疼痛使我根本無法做一個好主人來招呼他們，但我還是努力使自己看起來有禮貌。我不斷提醒自己，他們是因爲關心我，才花了那麼多時間和精力來看我。

朋友、親戚和教會的會友，我彷彿感覺到有一根長長的線，從醫院的大門一直延伸到我的病房。有一天下午，伊娃走進我房間，突然意識到那些來探望我的人，對我來說是很嚴重的打擾，她責怪我不該就任憑這情況繼續下去。

她可能也想到我不會主動開口叫大家不要來，所以她只好請護士出面，減少探訪的次數。這個措施雖然沒能阻止所有的人來看我，但確實減少了進出病房的人次。

除了疼痛的情況和人們的出入，我的精神也持續嚴重的消沉，好像得了憂鬱症。很可能是由於身體創傷而自然造成的，也可能是我對許多藥物的反應，總之，我相信我面對的是一個未知的結果，而疼痛也一直未減輕，所以我認爲自己沒希望了。我常常覺得不想再活下去。

爲什麼我要從一個完美的天堂被帶回地上，受盡煎熬的活著呢？不管我盡多大的努力，都無法再享受生活了。我眞的很想回到天堂。

自從事故發生後，痛苦就幾乎成了我的生活模式，我相信一定有許多人跟我處在同樣的狀況裡。我無法置信，竟然有人能學會接受這種事實。即使是現在，我偶爾睡了一次好覺，醒來後會突然驚覺，我哪兒都不疼了。然後，我馬上會想到那天接下來的時間，還有二十三小時五十五分鐘，我將是在不間斷的疼痛中活著。

✣

我花了好一陣子才意識到，這種痛苦的狀態是怎樣長期的影響我的情緒。

我禱告了，別人也爲我禱告，但那種絕望感還是強烈的占據我的心。「這一切眞的值得嗎？」我每天都會問上好幾次這樣的問題。

醫生和護士一直想要對我的憂鬱症進行藥物治療，但被我拒絕了。我也不知道自己爲什麼拒絕，也許是因爲我已經用了太多藥，不想再用藥了。我認爲更多的藥物對我並沒有什麼益處。

我眞的好想從這樣的悲慘生活模式中解脫出來，好想死了算了。很顯然的，我完全沒有預備好要應付這個意外帶來的巨大變化。我現在知道，我當時的處境完全是一個典型的憂鬱症病例。

不久，別人也都知道這個情況。

「你想和精神科醫師談談嗎？」醫生問我。

「不！」我說。

幾天後，有一位護士問我：「要不要我幫你找一位治療師來？也許你可以跟他談談？」

我的回答仍然一樣。

由於我不願意跟任何人談話，精神科醫師便穿著便服，如同間諜般進入我的病房。

「我看你經歷了一次很嚴重的意外。」有一次，一位穿便服的精神科醫師看了我的病歷後說。他試著引導我把自己的感覺說出來。

「我不想談這件意外。」我說。事實上，我是無法談。我怎麼可能向任何人解釋清楚，在離開人世間的九十分鐘裡所發生的事？我怎麼可能找到適當的言語，來表達那無法形容的經歷呢？我不知道該如何解釋，我眞的上過天堂。我相信如果我那樣說的話，他一定會以爲我瘋了。他會覺得我的腦袋一定出了嚴重的問題，可能出現幻聽、幻覺等現象，而必須服用更強的藥物來趕走我的幻覺。我要如何用言語來表達我生命中最喜樂、最強有力的那段經歷呢？如果我說我很想死，聽起來怎麼會是理智的話呢？我知道死後等待我的是什麼，可是他並不知道。

我並不打算把發生在我身上的事，告訴精神科醫師（或任何人）。我覺得那個經歷是我個人的祕密，而且因太過強烈而無法與人分享。即便是與我如此親近的伊娃，在當時我也無法告訴她。

因爲，天堂實在太神聖、太特別了。我甚至覺得，述說我在天堂的九十分鐘，會玷污了那珍貴的時刻。我從來沒有懷疑或質疑我的天堂之旅是否眞實，也不曾爲此而煩惱。一切都是如此生動、如此眞實，以至於我無法否定。不，問題在於，我不想把這段強而有力的經歷與任何人分享。

我的拒絕談話，並沒有阻止精神科醫師來我的病房幫助我。幾次之後，他們不再表明他們是精神科醫師。現在說起來或許十分好笑，總之，醫院的精神科醫師下定決心要幫助我，因此在我拒絕跟他們談話之後，他們會偷偷溜進我的病房來觀察我，有時候是趁護士來照料我的時候跟進來，有時候則只是走進來看看我的病歷，什麼也沒說。我想，他們是希望我會先開口說話。

他們常走進來跟我說上一句「我是瓊斯醫師」之類的話，然後就什麼都不說了。那位醫師或許會再檢查一下我的脈搏，然後問：「你的胃感覺怎麼樣？」他會看看我的病歷，並且問一些相關的問題。最後，他總會因為問一個簡單問題而露出馬腳：

「你今天感覺怎麼樣？」

「還是一樣。」

「你對這一切真正的感覺是怎麼樣呢？」無論他們運用什麼策略來工作，最後他們總是會問我真正的感覺如何。

「你是精神科醫師吧？」我會問。

「呃，事實上，是的。」

「好吧，你想要知道什麼？你想知道我是否得了憂鬱症嗎？答案是肯定的，我很憂鬱，但我不想談論這件事。」

談話雖然繼續著，但我已經把大部分的話題都從腦海中清除了。雖然我知道瓊斯醫師和其他人只是想幫助我，但我不相信還有什麼希望。我討厭這種鬱悶，卻也不知道自己該如何面對它。

躺在床上越久，我就越肯定未來沒什麼指望。天堂的經歷是完美的，在那裡是如此的美麗而快樂。我好想從痛苦中解脫出來，回到那個地方。

「去過天堂的人，怎麼可能還願意留在這種地方呢？」我問上帝：「求祢把我帶回去吧，求求祢。」

我沒有尋死，但也沒有戰勝我的憂鬱。

我不單單拒絕跟精神科醫師談話，事實上，我也不想跟任何人談。我不想見任何人。如果沒有人來看我，我也覺得很好——我是這麼告訴自己。

在鬱悶的時候，我只想一個人靜靜，這樣子我就可以孤單的死去，也不會有人來救我。

身爲專業人士和牧師，我當時心裡也存著驕傲，不希望別人看到我的慘狀。我指的不只是身體上的問題，我也不想讓任何人知道我的情緒十分低落。

很明顯的，當人們到我的病房來看我時，他們的語氣和目光彷彿在說：「你是我見過最可憐的人。」

我想我就是那樣。

於是，我持續被憂鬱困擾著。直到過了一段很長的時間，上帝才給了我另一個神蹟。

我是三個孩子的父親，有賢慧妻子的丈夫，在變故發生之前，可以說是一個很有前途的男人。發生意外時，我才三十八歲，身體各方面正處於壯年，但是在事故發生後幾天，我就意識到自己再也無法回到原來強壯健康的模樣。現在的我完全無能爲力，不能自己做任何事，甚至無法舉起自己的手。在我內心深處，對餘生感到無助且充滿恐懼。

舉個例子來說明當時的我有多無助。在我住院的頭十二天，我的腸子完全沒有蠕動過。如果這樣下去，整個腸胃系統將會朽壞，因此醫生爲我灌腸，但這對我沒有多大的幫助。

我說：「沒有多大幫助。」因爲這樣做，只讓我排出了一點點。但是這已經使護士和看護工高興得笑了起來。

有一天，我終於擠出了一些。「哦，太好了。我們眞爲你高興。讓我們再等一下，也許還有更多呢。」

在我鬱悶的時候，我會想，**這眞是我一生中最可憐的事了。我就像一個嬰兒，大家會因爲我排了一點點便而那麼高興。**

我不記得我對助理護士說了什麼，但肯定不是什麼好話。

她離開了房間，那是少有的無人在旁的時刻。只有我一個人，我很高興能有這樣清靜的時刻。

然而，就在護士走了幾分鐘之後，灌腸開始起作用了。

我控制不住的爆發出來。這是我有生以來最厲害的一次拉肚子。糞便的氣味差點沒把我給薰倒。

我非常緊張，沿著被單亂抓，最後我的手指終於摸到了呼叫鈴的按鈕。幾秒鐘後，那位年輕的助理護士衝進來。

「對不起，我不是故意的。」我說：「我來幫妳弄乾淨。」才剛說完，我就意識到事實上我無法幫她。我感覺壞透了，又無能爲力，我討厭我自己。

我開始哭起來。

「不不不！一點也不要擔心。你能排便，我們眞的很高興。這樣很好，因爲這表示你的腸胃系統又恢復正常運作了。」

在羞愧中，我只能躺在那裡，看著那個可憐的年輕女子打掃更換。她至少花了半個小時才完全弄乾淨，而那難聞的氣味則過了一個多小時才消失。

我並不想這樣，但我的行爲卻是一副窘樣。十二天來我幾乎沒吃什麼東西，但這對我的身體運作眞是一大突破。我覺得這是我一生中最尷尬的事了。

然而糟糕的是，還有更尷尬無助的經歷。我沒辦法上廁所，因此不得不使用尿壺。我也無法刮鬍子，更不能洗頭。他們不得不用一種特別的裝置把我的頭放進去，然後在我頭髮上澆水，再用一根管子把髒水排到垃圾桶裡。令我特別感動的是，爲我剪了好幾年頭髮的卡蘿．貝內菲爾德，在我臥病期間多次來醫院爲我剪頭髮。每次來回都是六十英里的路程，但卡蘿連一分錢也不收。

我的朋友、我的家人，還有醫護人員，想盡一切辦法滿足我身體所需要的特別護理，但這只讓我覺得自己是一個完全無能的人。我的右臂，就是那隻沒有骨折的手，因爲需要大量的靜脈注射，他們不得不在我手上綁一塊木頭，這樣我的手臂就不能彎曲了。

我的身上到處都是注射的管子和針頭。它們扎進了我的胸膛，也在我的腳尖留下痕跡。那些管子連在一起，再透過一根大管子直接經過我的胸膛進入心臟。我的許多靜脈都疲乏了。我整個人完全沒有一點行爲能力，以至於每一次他們要換被單，或是有需要搬動我的時候，都必須用鏈子把我抬起來。

我的體重以危險的速度減輕，使醫生很緊張。我吃不下任何東西，這使我的胃開始萎縮。在住院的四個月期間，我瘦了近六十磅。事故發生前，我有二百一十磅重，可是後來連一百五十磅都不到。他們用來測量我體重的唯一辦法，就是把我放在一個類似嬰兒用的吊床裡，再從床上舉起來稱重。他們用盡各種方法哄我吃東西，並且準備了我平時最喜歡的食物來吸引我，但我都沒有什麼胃口。只要聞到食物的味道，我就感到噁心。我眞的一點胃口也沒有。我也試著要吃點東西，我努力了，但每次最多只能吃幾口。

我想，大概是因爲情緒消沉使我沒有任何的胃口吧，儘管我不知道這是不是眞正的原因。我只知道每次努力後，我仍無法強迫自己咀嚼任何東西，甚至不想嚥下去。

他們幫我安裝一個稱爲PC的嗎啡幫浦。每當我疼痛得實在難以忍受的時候，我就按一下按鈕給自己打一針。我不得不連續使用止痛藥。起初我試著避免使用更多的止痛藥，但醫生卻責備我。他說當我疼痛的時候，身體會變得很緊繃，這樣會比較慢康復。

到了晚上，他們又給我加一些藥，希望幫助我入睡。我說「希望幫助我入睡」，是因爲藥物根本沒什麼作用。他們用的方法——安眠藥也好，止痛針也好，加量的嗎啡也好，沒有一種能使我入眠，也沒什麼辦法可以使我感到舒服，甚至無法感覺到不那麼疼或輕鬆一點。

讓我這樣描述吧：「請想像一下你躺在床上，手臂裡埋著鋼針，大腿裡穿著電線，你只能仰臥，無法翻身。事實上，讓自己的肩膀移動四分之一英寸也是不可能的，除非你伸手抓住病床上方掛著的，類似盪鞦韆一樣的那種鐵棒。只是當你想移動哪怕稍微一點點時，椎心之痛一下子就流貫全身。你絲毫無法動彈。」

由於我的身體一動也不動的在固定位置躺得太久了，背上長了褥瘡。醫院不得不爲我預備一個特製的水床，可以不斷的翻動。這確實讓我的褥瘡好多了。

我唯一可以離開病房的時間，就是當他們把我推下去做X光檢查的時候，而這又是一次冒險經歷。由於身上纏綁著各種金屬配件和儀器，他們不知道該怎樣爲我做X光檢查。沒有任何器具是專門設計來爲我這種情況照射X光的，所以醫院只好讓三、四位男士穿上鉛做的衣服，站在X光室裡，在我布滿鋼條的四肢背後托著透鏡和板子。

有時X光檢查要花上兩、三個小時，因爲技師要想辦法拍出一張讓醫生清楚看到我的骨頭是否癒合的片子。他們從未遇過這樣的病例。

所以，每當有人來推我去做X光檢查，他總會說：「我們要去下面的大廳旅行了。」

只要聽到這句話，我就明白意思了。當病床沿著長長的走廊慢慢前行，我爲了分散注意力，總是看著天花板玩連點點的遊戲。自從我第一次做完手術出來，我就開始玩這種遊戲了。也許這是我的幻覺，但我記得加護病房的那個房間是全新的，而我也是那裡唯一的病患。當他們把我送進去時，我正在不停的呻吟。然後我看到天花板上的小點點，我就盯著它們看，它們好像在一起奔跑，並且形成一種什麼圖案，我認不出那是什麼圖案。在我腦海裡，開始用那些小點點拼出各式各樣的圖片和花樣。我一邊玩，一邊想：「難道我眞的瘋了嗎？」但我還是忍不住想玩。到後來，這種連點點的遊戲就成了讓我暫時忘卻疼痛、轉移注意力的一種方法。

每天最痛苦的折磨，毫無疑問是在護士爲我清洗插電線的針孔處時。在聖路加醫院二十一樓的骨科病房，每一位護士都得學會清洗針孔的傷口。爲了不讓皮膚與那些電線沾黏，他們有時必須在發生沾黏時把皮膚剝開。然後，護士還會對著每個針孔處注入雙氧水以防止感染。我無法想像還有什麼比經歷這個更難受的了，而這正是每天要做的治療。

不只如此。每天四次，每隔六小時，他們會拿艾倫扳手，在我的儀器上轉動旋鈕。這個設計是爲了使腿裡的骨頭頂端伸長，最終使長出來的骨頭可以代替那部分失去的骨骼。雖然每次只是轉動那麼一點點，還不到半毫米，但是轉動時的疼痛是無法用言語形容的。無論白天還是黑夜，每隔六小時，就會有人走進我的房間來轉動旋鈕。

身爲牧師，我經常造訪醫院的病房，包括加護病房。我曾看過許多人的臉上出現極度的痛苦，我也經常出於憐惜而向他們表示同情。即便如此，我還是無法想像有什麼會比這日復一日的痛苦更難以忍受。

也許對我來說，最糟的莫過於無法入眠。有十一個半月的時間，我從來沒有睡著過——我只會痛昏過去。雖然使用大劑量的嗎啡，可是我從來沒有擺脫過疼痛。當他們認爲我需要睡覺的時間到了，就會有護士來爲我打三、四針的嗎啡，或是給我服用睡眠藥物。我躺在床上，但無論我怎樣告訴自己要放鬆，就是做不到。我不得不與疼痛爭戰，然後，我顯然是昏睡了過去。之後，通常又是一陣劇痛把我弄醒。在這之間，我什麼也感覺不到。

最後，我的家人和醫護人員都只能隨我的意了，因爲他們知道我的生理時鐘已經不能正常運作。我沒有時間概念，也無法放鬆，疼痛使我一直處於緊繃狀態。如果我稍微想要移動一下身子，埋在肌肉裡的線就會在接口處扯動我的皮膚。我的人是可以移動，但線卻不能動。所以每一次即使是挪動那麼一點點，我的全身也會像是被撕裂般疼痛無比。

一段時間之後，我學會忍受這種情形，然而，我卻始終無法對此習以爲常。

我所「碰到」（但從來沒有眞正見過）第一個使用伊理扎諾夫支架的人，是克麗絲汀。伊理扎諾夫支架療法是爲了幫助骨骼先天不全的人延展骨骼而發明的。但是，只有在骨骼停止生長時，才可以使用這種儀器。特別是在青春期，由於骨骼生長的速度很快，醫生必須非常謹愼選擇合適的時機來運用這個療法。

克麗絲汀是一個十多歲的女孩，就住在我隔壁的房間。她出生時一隻腳就比另一隻短。一等到她的骨骼完全長成，她就選擇用伊理扎諾夫支架療法使骨骼延展，這樣她的兩條腿就可以變得一樣長了。

克麗絲汀的手術是她自己的選擇，所以在手術之前，她就了解手術會引起的劇痛以及康復所需要的時間。她接受了好幾個月的輔導，她的家人也學會如何護理她的傷口。他們不僅知道整個過程需要多久的時間，也已經爲護理做好了準備。

克麗絲汀和我的區別在於，她已經先知道她將會承受什麼——至少是當事人能預知的程度。而我卻是在醒來之後，才發現那部儀器已經安裝在我身上。在我陷入憂鬱時，那使我感覺更糟。即使我明知他們在我身上安裝伊理扎諾夫支架，是爲了挽救我的腿，但我卻認定那是我極度痛苦的主因。

另外還有一個小狀況。那就是儘管我和克麗絲汀的醫師不是同一位，但是到我們房間來轉動旋鈕的醫護人員卻是同一個。有時若是扳手放錯了地方，醫護人員在我的房間找不到，就會匆匆忙忙跑去克麗絲汀的房間借用她的。反之，他們有時也會來借用我的。幸好我們的外部固定器是通用的，所以醫護人員可以來這個房間借用扳手，到另一個房間去調節那裡的旋鈕。

我就是透過這樣互借扳手，才認識克麗絲汀的。雖然我們從未面對面相見，但彼此確實見過對方的醫師。不知怎麼搞的，或許是因爲處境相同吧，我們之間竟築起了一種關係。

克麗絲汀和我一樣，都面臨著同一件事，那就是無休止的疼痛。有許多次，我聽到她在哭喊。我指的不是抽泣，而是哭喊，也可以說是尖叫，當然有時只是低聲的呻吟。我猜想，她應該也能聽到我的房間發出同樣的聲音。我不是那麼容易哭的人，因爲我生來就不愛哭。有一位護士曾經建議我，大聲喊出來或許對我比較好。她的建議也許是對的，但我從來不曾眞正喊叫過——至少沒有在意識清醒下這樣做。

在我能控制自己的情況下，我從來不出聲喊叫。我曾聽過別人因疼痛而大聲尖叫，他們的叫喊讓我感到很煩躁。我學會了把疼痛和情緒放在心裡。那時候，我相信無論是呻吟也好，號啕大哭也好，尖叫也好，都是沒有用的。我唯一會大聲喊叫的情況，要不是在意識不清之下，就是他們給我用了很重的藥物。我怎麼知道那些時候自己會喊叫出來呢？都是事後別人告訴我的。

雖然克麗絲汀和我當了十二個星期的鄰居，我們卻從沒見過面，不過我們還是透過互換信件有了交流，護士們也很樂意充當我們的郵差。

我試著鼓勵克麗絲汀。她把她的故事告訴我，並且對我出車禍的事深表同情。她也是基督徒，因此我們在信仰上也有了交流。

然而，每當我在極自憐的時候，我會想：當一切痛苦過去之後，克麗絲汀將會是一個正常的年輕女子，而我呢，卻再也無法回復正常的狀態。未來的她可以像正常的十多歲女孩一樣玩耍跑跳，可是我知道，我再也無法奔跑了。

我常常處於這種非常自憐的狀態，我告訴自己，她是自己選擇了這種痛苦的療程，而我，沒有任何選擇，事先也沒有準備。她已經預知自己要經歷什麼，而我卻什麼也不知道。她在做的是對她和她未來有正面影響的事，而我只是在挽救我的生命。是的，有很多很多日子，自憐之心充滿在我的思想裡。

不過我總會回到一件事上，那就是認定，是上帝選擇讓我活著。即使是在最慘澹的憂鬱和自憐時刻，我也沒有忘記這一點。

克麗絲汀和我承受著相似的痛苦，而我們有相同的信仰，這提醒我們：在我們遭遇最可怕的境遇時，慈愛的天父也一直與我們同在。她住在我隔壁病房的這件事，給了我很大的安慰。因爲我想，我並不是孤單的，還有人能理解我的痛苦和感受。

就從那時候起，我開始認定自己是一個很特別的聯誼會的成員。在我出院之後的幾年裡，我認識許多被迫加入這個小聯誼會的成員。由於我很清楚經歷這種遭遇是什麼滋味，我可以理解他們的痛苦，就像克麗絲汀理解我，我也理解她一樣。

除了承受痛苦，我後來還做到醫生說我永遠做不到的事，那就是，我學會重新走路。我可以用自己的雙腳站起來，一隻腳邁出去，慢慢的移動。

醫生曾經警告我，由於我右腿膝蓋的骨折，以及左腿裡缺少一段大腿骨（儘管拉長後長出了新骨），我再也無法行走。就算眞的可以走，也必須戴上很重的保護環。我不只一次差點失去我的左腿，但奇妙的是，上帝讓我躲過了每一次的危險。

第一次手術的四星期後，他們開始為我的手臂做復健治療，而我的腿在兩星期後也開始接受復健。

也差不多就在這個時候，他們把我放在一個我稱為「法蘭克史丹」的床上。他們把我綁在一塊很大的板子上，然後把板子豎起來，讓我的雙腳可以接觸到地面，形成直立的姿勢，只不過我的身體仍然綁在板床上。兩位復健師在我的腰間束上一條寬大的皮帶，然後分別站在兩旁幫忙。由於我的雙腿已經萎縮，非常虛弱，一開始需要他們協助我做邁步的動作。我花了好幾天重新學習站立，並使我的雙腳可以承受重量。由於我已經習慣平躺的姿勢，平衡感也退化了。每一次當他們把我調到垂直的姿勢，我都會感到噁心得想吐。過了好幾天，我慢慢的適應了那樣的姿勢，才開始學習走路。

其實我是在出院之後，才眞正學會走路。復健師每兩天會來我家一次幫助我。六個月之後，我終於學會能自己走上幾步。

事故發生過後十一個半月，醫生才把伊理扎諾夫支架從我身上拿走。我開始用助行器輔助行走，及至後來，只需要用一根枴杖。在事故發生後一年半內，沒有腳部保護環和枴杖我根本無法行走。

車禍是發生在一九八九年一月，醫生在同一年的五月把我手臂上固定器裡的外部金屬件拆下，卻同時又順著我前臂的兩根骨頭放入內置金屬板。那些金屬板在我的手臂裡待了好幾個月。

十一月底，他們拿走我腳上的固定器，但這還沒完。在那之後，我的腿又上了很長一段時間的石膏，而且醫生又在我的腿裡植入了一塊板——這塊板在我腿裡放了九年。我覺得把它留在那裡還不錯，但他們說還是得把它拿出來。醫生解釋說，等到我年紀越來越大，靠那塊板使力的骨骼會變得容易碎裂。我後來得知，人體的骨骼只有在不斷的使用和張力的作用下，才會變得強壯而且持續下去。

那幾年，我身上戴著固定器和金屬板，又不得不坐飛機時，常常會引起機場裡的金屬探測器鳴聲大作，從俄亥俄州，一直到加州。我通常不走別人必須通過的安檢門，我會對安檢人員說：「我身上的不鏽鋼材料比你家餐具抽屜裡的還要多！」

他們朝我揮揮手，笑道：「你還眞是這樣呢。」

我的孩子會仿效電影《機器戰警》裡的主角，驕傲的稱呼我「機器傳教士」。在那部影片裡，身爲警察的主角在遭遇一次可怕的意外後，醫生用高科技和金屬板重塑了他，使他可以繼續與罪犯戰鬥。

無論那些鋼釘、線圈，還有那些鋼板看起來有多野蠻，它們的確都發揮了作用。人們看到那些東西埋在我的身體裡面，都目瞪口呆，而這些人現在又很驚異於看到我的活動能力竟有所恢復。當然，在這表面的正常狀態下，我彷彿是一件還沒有完工的作品，還在持續不斷的調整中。

我總會回到一件事上，那就是認定，是上帝選擇讓我活著。即使是在最慘澹的憂鬱和自憐時刻，我也沒有忘記這一點。

9. 無止境的調整

朋友乃時常親愛。弟兄爲患難而生。

《聖經》箴言17：17

在事故發生之後，我很驚訝的看到人們回應的態度是多麼不同。南園教會的幾位朋友和會友，在我發生車禍後的五天內便來看望我。同樣的這批人，有些在大衛．堅太爾發起的通宵禱告之後，再一次來醫院探望我。他們看到我每一小步的康復，都爲我感到喜樂，但我卻覺得復原的速度實在太緩慢，而陷入持續性的嚴重憂鬱狀態中。離開加護病房後，我又在醫院住了一〇五天。我想，任何一個在醫院待那麼久的人，都會患上憂鬱症吧。

在恢復期間，教會非常努力的要使我感覺自己仍然有用。他們讓成群的孩子來醫院探望我，有時教會的執事也會在我的病房裡開會——好似我還有能力做什麼決定似的。他們明明知道我無法說什麼或做什麼，但他們用這種方式來肯定我、鼓勵我。他們竭盡一切努力，爲的就是要使我感覺自己有價值、有貢獻。

但是大部分的時間裡，我卻充滿了憂鬱和自憐。我渴望能夠回到天堂。

除了憂鬱之外，還有一個問題：我不想讓任何人爲我做任何事。我天生如此。

有一天，一位退休牧師傑伊．比．柏金斯來看我。他在退休之前曾於德州南部的幾個教會擔任牧師，對我的影響至深，有如一位極具威嚴的父親。在我調養期間，南園教會請他來暫代我的工作。

傑伊持續的來探望我。他每次來都得開四十多英里的路程，即便如此，他還是經常來看我，有時甚至一星期來兩次至三次。我雖然稱不上有好好的接待，但至少還能以微笑面對他。我躺在床上，覺得很不好意思，但他總是溫和的以積極言語來鼓勵我。只可惜，他的話並沒有幫助到我什麼。這不是他的錯，是因爲我的景況，沒有人幫得了。我不僅把自己弄得很悲慘，我後來也得知，我讓身邊所有的人都很不好受。

來探望我的人總希望能幫助我，許多人都想爲我做點什麼。「我可以幫你拿本雜誌過來嗎？」有人會這樣問。

「你想喝奶昔嗎？樓下的大廳有一家麥當勞，我可以幫你買一個漢堡什麼的……」

「要我爲你讀聖經嗎？或是別的什麼書？」

「有什麼需要我幫你做的嗎？」

面對所有的問題，我的回答總是一樣：「不用了，謝謝。」

我並不覺得自己有多壞，但我確實很不友善，也很不合作，儘管當時我並沒有意識到自己對待別人的態度有多麼消極。我不想見任何人，也不想跟任何人說話。我只希望我的疼痛和損傷能完全消失。如果我一定得留在人世的話，我希望至少可以好起來，回復到以前的生活。

由於傑伊經常來看我，他留意到我和家人朋友間的疏離。有一天，當他坐在我旁邊的時候，有一位南園教會的執事也來看我。過了十分鐘，這位執事站起來，說：「我只是想來看看你。」接著他又問了那個大家都會問的問題：「我離開之前，可以爲你做什麼嗎？」

「謝謝你，不用了。我很感謝，但是……」

「要不要我幫你買點吃的？要不要我下樓……」

「不用了，眞的。謝謝你來看我。」

於是，他道別之後離開了。

那位執事離開之後，傑伊仍靜靜的坐在旁邊，望著窗外約莫幾分鐘之久。然後，他靠近我的床邊，湊近我的臉，對我說：「你眞的需要振作起來。」

「您說什麼？」我就像人們對待一位八十歲的老傳教士那樣，用敬重的口吻回問。

「你需要振作起來！」他重複說：「你現在做的眞不怎麼樣。」

「我不明白……」

「而且！」他一邊說，一邊靠得更近，以至於我的眼神無法閃躲。「而且，你是一個徹頭徹尾的僞君子！」

「我不知道你在說什麼。」

「這些人多麼關心你，你卻不能體會他們有多愛你。」

「我知道他們愛我。」

「是嗎？那你卻沒有好好讓他們知道你能了解他們的愛心。你這樣對待他們是不對的。他們無法醫治你的病，但是如果可以的話，他們一定會那麼做的。如果可以跟你互換角色，他們之中有很多人也會非常樂意。如果你叫他們做任何事——任何事都行——他們都會毫不猶豫的去做。」

「我知道……」

「但你就是不讓他們爲你做任何事。」

「我不要他們爲我做任何事。」我不再克制自己的情緒了，我大聲說道：「事實是，我根本不想要他們來這裡。我寧願他們都不要來。我知道我麻煩到別人，他們一定有更值得去做的事，我知道——我爲什麼要別人來看我這副慘樣呢？眞討厭，我這可悲的模樣。」

「這不是由你決定的。」

我看著他，因著他的話而感到震驚。

「你曾經花了你生命中最寶貴的時間，努力牧養別人，滿足他們的需要，在他們遭遇艱難和悲傷的時候幫助他們……」

「我……我努力要……」

「而現在，你卻拒絕讓這些人爲你做同樣的事。」

我永遠也忘不了他接下來說的那句話：

「唐，這是他們唯一可以給你的，而你正從他們那裡奪走這份禮物。」

我還不願意降服，我想抗議和辯解，但他又一次的打斷了我。

「你沒有給他們機會來幫助你，而這是他們想做的。你爲什麼不能明白這一點呢？」

我眞的沒有聽出這些話的分量，所以我說：「我感激他們，我也知道他們想幫我。我覺得這一切都很好，但是——」

「沒有但是！你在欺騙他們，你使他們沒有機會向你表達他們對你的愛。」

他的話使我震驚。本來我一直想著，我不要太自私，不能給別人增加負擔，別給他們帶來麻煩。但就在那時，他的話穿透了我的良心。因爲事實是，我這麼做非常自私，而且還隱藏著一種我拒絕承認的驕傲。我知道如何慷慨給予，但驕傲卻使我無法接受別人的慷慨幫助。

傑伊並沒有放過我，而我想躲也躲不掉，只能聽他講話。傑伊待在我身邊，直到強迫我看清我如何惡劣的將自己與所有的人隔絕。儘管我還在找其他藉口，傑伊終究使我降服下來。

「我要你讓他們來幫助你，你聽懂了嗎？你必須允許他們來幫忙！」

「我不能，我就是無法讓……」

「好吧，唐，如果你不能爲你自己這麼做的話，就當作是爲我而做的吧。」他說。

他知道我樂意爲他做任何事，於是我點點頭。

「下次有人主動要爲你做什麼——任何事，無論做什麼——我要你答應。也許你無法對每個人都這麼說，但你可以試著從一兩個人開始。讓幾個人可以用幫助你來表達他們對你的愛。你得向我保證你會這麼做。」

「我不敢保證我能夠做得到。」

「你一定可以。」

「我會試試看，但我不是這種人。」

「那就努力使自己成爲這種人。」他注視著我的眼神彷彿要穿透我：「去做吧！」

現在回想起當時傑伊對我的耐心，依然讓我感到不可思議。他的聲音突然溫柔下來，然後說：「爲了我，至少試一下，好嗎？你必須在這方面學習得更好。現在你做得不夠好。這是上帝要你學的一門功課。你的傷痛會持續很長一段時間，如果你一直拒絕幫助的話，這會變得更長久。」

「好吧！」我再也無法抗拒了。

我答應了他。我想我如果不答應，他是不會走的。

雖然我的第一個反應是惱怒，也可以說是憤怒，我覺得他太過分了，但是我沒有說出來。在他離開之後，我開始思索他說過的每一句話。等到我的怒氣、驕傲和自私都平息下來，我察覺到他說的對——這正是我需要聽到的眞理。

兩天過去了，我仍然無法履行他對我的要求。

第三天，有一位會友突然來看我，他問候我，並與我一起待了約五分鐘。然後，他起身告辭：「我只是想來看看你怎麼樣了。」他繼續說：「你看起來不錯。」

我笑了笑。我看起來很糟糕，但我沒有跟他爭辯。

他站起來要走：「有什麼需要我幫忙的嗎？」

我習慣性的想脫口說出：「不，謝謝你！」但是，傑伊的身影突然出現在我的腦海裡：「嗯，我想看看雜誌。」

「是嗎？」他的臉上出現了前所未有的笑容：「眞的嗎？」

「是的，我好久沒有看了……」

「好的，我馬上回來！」我還沒告訴他我要哪一種雜誌，他就像一陣旋風般衝出病房。他要下二十一層樓才能抵達樓下，但我感覺他好像只去了不到一分鐘。當他回來的時候，手上抱著一疊雜誌。他指著那些雜誌的封面，一一向我介紹的時候，他還在笑。

我謝謝他，說：「我等一會兒會看的。」

他把雜誌放在桌子上，微笑著說：「還有什麼事要做嗎？」

「哦，沒有了，就這些。謝謝你！」

我終於跨出了這一步，接受別人給我的善意幫助。後來，我發現這其實並沒有那麼難。他走了之後，我開始翻閱那些雜誌。我並沒有眞的在看，而是一直在想剛剛發生的事。

傑伊是對的，我欺騙了他們，我使他們沒有機會表達對我的關愛。

大約四十分鐘後，有一位教會社青團契的姊妹來看我，我們進行了一段禮貌性的談話。「你好嗎？」

「不錯。」

「有什麼需要我幫忙的嗎？」

「不，我……我……」這時，傑伊的話再一次浮現在我的腦海裡。「呃，也許妳可以幫我去買一杯草莓奶昔。」

「草莓奶昔？我很高興去幫你買。」我想，我以前從來沒有看過她笑得這麼美。「還需要一些別的嗎？要不要薯條？」

「不用了。」

她衝出房間，一會兒就拿著草莓奶昔回來了。「哦，牧師，我希望你喜歡這個。」

「我會的。」我說：「事實上，我很愛吃草莓奶昔的。」

事後，我想像教會的朋友們站在我病房外交談的情景：

「他叫我幫他買草莓奶昔耶。」

「是的，他也派了一個任務給我。」

這時我才體會到，自己之前是多麼愚蠢的忽略了這整件事的意義。我辜負了他們，也辜負了我自己。在我想表現堅強的同時，我剝奪了他們幫助我、使我變堅強的機會。一種內疚油然而生，因爲我終於看到他們給我的禮物。

羞愧感漲溢過我全身，我開始哭泣。我想，**這是他們對我的服事啊，而我卻一直在浪費它**。我爲自己沒能讓他們回饋我，感到無比羞愧。當我終於將心門打開時，我親眼看到大家的表情和舉動產生了多大的變化。他們喜形於色，他們所要的僅僅是一個幫忙的機會，而我終於願意給了。

「你必須振作起來。」接下來的幾個小時裡，傑伊這句充滿愛和責備的話，在我腦海裡揮之不去。我淚流不已，也不知道過了多久，好像有幾個小時吧，我終於體會到上帝原諒了我。我學到了一個功課。

碰到我的情況，很少人能像傑伊那樣做，但這個經歷扭轉了我的態度。即使經過了許多年，現在的我還是會爲了是否要讓別人幫忙而在內心激烈掙扎，但至少這扇門已不再緊緊的鎖著，而是半開了。

有時，當我情緒較低落或身體狀況很不好的時候，我還是會拒絕別人，或認定自己不需要任何協助。但是當我敞開心扉，給別人機會來幫助我的時候，就會看到很大的不同。人們會欣喜無比，好像在問：「你眞的願意讓我爲你做這件事嗎？」

我一直把自己的婉拒看成是不想給別人增加負擔，而他們卻把我的改變，看成是給他們一個幫忙的機會。

我爲自己能學會這門讓別人來塡補我需要的功課而感恩不已；也爲自己是在醫院病床上，處於一種完全無助的情況下，學會了這門課而感恩。

有人拿了一塊匾額到醫院裡送給我。起初，我以爲這是一個玩笑，因爲匾額上面寫著：「你們要安息，要知道我是神。」（詩篇 46:10）或許他想藉著這句話安慰我的心，但我不知道送我匾額的人（我也不記得是誰）是否意識到，我除了「安息」以外，什麼也不能做。

然而，那塊匾額的確蘊藏著我需要的訊息，只是我花了很長的時間才明白過來。

過了好幾個星期，我才意識到我內心所需要的就是安息，並且相信上帝透過這一切，正在成就祂美好的旨意。是的，雖然這不是我會選擇的經節，但它正是我所需要的。

上帝逼我安息。以我的本性，我不是一個內向或內省的人，但我逐漸變得越來越會反省自己，因我別無選擇。除了爲自己感到難過，我無事可做。我躺著不動的時間越長，就越能敞開心胸，接納上帝賜給我的安息和內在平安。

後來伊娃找到了一個同樣經文但字體燙金的精美匾額，於是買下當成禮物送給我。那塊匾額至今仍放在我教會的辦公室。每次我抬起頭來，就會看見這句話。

日復一日，我躺在病床上無法動彈。這樣仰臥整整十三個月後，我才能側身而睡。這一個簡單動作，在那天成了我復原的日子以來最開心的時刻。「哦，我幾乎忘記了這樣睡有多舒服。」我大聲的說。

在那段漫長的恢復期中，我學會了許多功課。關於我自己、我的態度和本性等方面的功課。我在唐・派普身上看到許多我不喜歡的東西。無論如何，在那段無法活動的日子裡，我的憂鬱仍然持續著。

我眞懷疑，這憂鬱症是否眞有一天會離開我。

就在那時候，上帝又給了我一個神蹟。

在我想要表現堅強的同時，我剝奪了他們幫助我、使我變堅強的機會。一種內疚油然而生，因為我終於看到他們給我的禮物。

10. 更多神蹟

我要時時稱頌耶和華，讚美他的話必常在我口中。
我的心必因耶和華誇耀；謙卑人聽見就要喜樂。
你們和我當稱耶和華爲大，一同高舉他的名。
我曾尋求耶和華，他就應允我，救我脫離了一切的恐懼。

《聖經》詩篇 34：1－4

有時我的憂鬱嚴重到感覺自己快要窒息，這使我回想起在加護病房裡，因爲肺部萎縮塌陷，接受呼吸治療的日子。只是現在，塌陷的不只是我的肺，還有我的心靈。沒有比絕望更使人心靈枯乾的。日復一日，月復一月，沒有人可以告訴我，什麼時候才能復原，或者我還能復原嗎？結果，我全然陷入憂鬱中。

隨著我殘缺不全的身體逐漸恢復，我的心靈也需要癒合。我開始這樣想：「靈」這個字在希臘文裡稱爲伯紐瑪（pneuma）。這個字表示「風」或「呼吸、氣息」。這個希臘文字是英文「肺炎」（pneumonia）的字根。爲了制伏我的肺炎，我必須重新吹鼓起我的肺，同樣的，爲了壓制我靈裡的憂鬱，我需要上帝重新把祂的氣息吹進我的靈裡。

我不知道自己是何時意識到我罹患了憂鬱症。在復原期的最初幾個星期，我的身體處於一種永不停息的疼痛中，以致我無法集中精神，維持一個念頭超過一、兩秒鐘。

而且，我還要與自己憤怒的情緒對抗。我並沒有生上帝的氣，儘管我常常在想，爲什麼祂要把我送回人間？爲什麼我必須經歷如此劇烈的肉體疼痛？即便疼痛對我來說並不是問題，從我進醫院的第一天起，疼痛就一直與我爲伴。像許多人一樣，我已經學會如何在這樣的事實中生存。眞正令我心靈不斷掙扎的是，我經歷過天堂的榮耀和美好，最後卻得回到地上。當我比較軟弱的時候，我不明白爲什麼上帝要讓我以這樣可怕的狀態返回人世。許多人活在更大的痛苦之中，但是經歷過天堂的人——如果有的話——卻少之又少。

我發洩憤怒的對象，主要集中在醫護人員身上，我想可能是因爲他們總在我身邊的緣故。在內心深處，我有一股不可遏抑的怒氣，不僅是對醫護人員，也可能是對我自己。爲什麼我不能恢復得快一點？我把復原進度的緩慢歸咎於醫護人員。在我理智的時候，我了解他們已經盡了力。儘管我心中懷著敵意和煩躁——我相信他們一定感覺得到——然而他們卻一直在我身邊，不斷的鼓勵我。

我不要鼓勵——我要成效。我要重新恢復健康。爲什麼我的生活不能像從前一樣？我要自己走路，我不要總是倚賴別人。

醫護人員從不給我明確的回答，這又會激起我新一波的憤怒。現在想起來，我確信他們已經告訴我他們所能做的，但我的病例實在太不尋常。沒有人能預知我的情況。事實上，在過程中的好幾個星期裡，他們甚至不確定我能否活下來，更不必說是否能有明顯的康復了。

我變得偏執且多疑——我知道這是不理智的，特別是當我抱怨並強求有更多的護理或增加藥物來緩解疼痛時，好像沒有一樣能滿足我意。步調太緩慢了。他們總是過了很久才回應我按的鈴。沒有人願意回答我提出的問題。

「這個伊理扎諾夫支架，我還要戴多久？」幾乎每一個走進病房的醫護人員，我都這樣問他們。

「不知道！」這是最常聽到的回答。

「但我總該知道一些吧！」最後我說。

「很長很長，相當長的時間。」這是護士或醫生會給我的另一個答案。

有幾次，我一定要得到答案，所以不斷的逼問醫生。

「也許幾個星期，也許幾個月，」他說：「我們無法告訴你，因爲我們不知道。如果知道的話，我會告訴你的。」

理智告訴我，他們已經盡了力。但是在那些日子裡，我沒有多少理智。部分是出於疼痛，而大量用藥或許也對我造成影響，總之，我不是一個好病患。我很不滿意，一直不斷的問自己：「爲什麼他們不告訴我？他們是否知道什麼，卻瞞著我？他們一定有些事沒有告訴我，我有權利知道事情的進展。」

許多夜晚，我失眠躺在床上，心想護士肯定要加害於我。但是我從未想過她們有什麼動機要害我。

「可是，他們爲何什麼都不告訴我？」我躺在那兒，充滿怒氣的想。「還有什麼能使我比這樣子更痛苦呢？」

答案是「沒有！」我忍受著附加的痛苦，不是來自事故後的疼痛，而是來自整個治療過程。例如：醫護人員從我右髖骨切取部分骨頭，植入我的左臂時，開了一個六英寸長的切口，又用金屬釘把切口合起來。等到拆釘子的那天，他們將釘子一根根的從我皮膚裡拔出來。每拔一根，我就痛得齜牙咧嘴，但我還是極力克制，不然我眞的會尖叫得把天花板都掀開來。我不記得自己是否有過如此劇烈的疼痛。應該有吧，不過我已經忘記自己的身體能承受多大的折磨。

可憐的護士每拔出一根釘子，就要停一會兒。她的眼神看起來很難過。我知道她意識到這個過程帶給我劇烈的痛苦。她是個身材高挑的護士，卻總是盡可能溫柔的進行護理。「我很抱歉，牧師。」她溫柔的說。

「我知道，」我咕噥著說：「妳也無能爲力。」那瞬間，我會重新回到牧師的角色，試圖安慰她。我不想讓她因我的痛苦而感到爲難。

「牧師，你爲什麼不放聲大叫呢？」

「叫了也沒用。」

「換成是我，我會叫的。」

「是啊，我敢打賭妳會叫的。」我展現了一下無力的幽默。「妳會把醫院裡所有的病患都叫醒。」

我向來就不肯叫喊，也許是因爲害怕失去控制。也許我害怕的是，如果我眞的尖叫，她和別人都會把我看成弱者。直到今天，我仍然不知道爲什麼。我只知道，我不可能像這樓層的其他病患一樣尖叫。每一天，我都會聽到從別的病房傳來病患痛苦的叫喊，但我就是叫不出來。相反的，我會屏住呼吸，有時甚至痛得直冒冷汗，但我絕不刻意叫喊。

我知道無論在行爲舉止或醫療需求上，我都不是最容易應付的病患，但是整形外科病房的護士對我非常親切，也很同情我。我開始學習體貼她們，而且欽佩她們的奉獻精神。我猜她們一定也從我身上看到一些什麼。我知道護理人員常常會通融，無論是白天或晚間的任何時候，讓那些想要爲我祝福的人進來探望我。

不過，最棒的一刻是出現在我離開的那一天。在聖路加醫院住了一〇五天之後，我出院了。很顯然的，那天醫院做了特別的安排，讓其他樓層的護士代理我這樓層護士的工作，好讓她們可以陪我一起下電梯，一路送我到等候的救護車那裡。這些護士曾餵我吃飯，給我換藥，替我洗澡，還做了許多只有上帝才知道的事。她們愛的環繞，令我返家那天顯得格外珍貴美妙。她們似乎在說：「我們盡了最大的努力，你一定要好起來，並且記得回來看我們。」我只能想像，她們看見一個入院時在生死邊緣徘徊的人，現在竟能出院，這改變是何等的大啊！

儘管我竭力堅持不流露自己的情感，然而在離開聖路加醫院之前，數月來劇烈的痛苦終於粉碎了我的毅力。我徹底崩潰且痛哭失聲。我感到自己毫無價值，一敗塗地，是個窩囊廢。我確信自己不可能再有任何好轉了。

「上帝啊，上帝，爲什麼會這樣？爲什麼我要經歷這無止境的痛苦，似乎永遠也好不起來？」我再次祈求上帝把我帶走。我不想再活了，我要回到眞正的家鄉。此時，對我來說，這家鄉就是天堂。

接連幾天，我都這樣禱告。我常常在精疲力竭中昏睡過去。當我醒來時，絕望又濃濃的籠罩著我。苦境依舊，毫無改變。

事故發生之前，我曾訂購一些基督徒流行歌曲，都是六、七〇年代的歌手，譬如「帝國合唱團」（the Imperials）和大衛·密斯（David Meese）最早錄製的。伊娃將錄音帶拿來醫院，還帶了一部放音機，但我沒有興趣聽。

我總是看電視。有一次，我告訴一位朋友：「我看了所有的《妙家庭》（Brady Bunch），每一集都看了不下八遍，我背得出所有的台詞。」

一日清晨，大約在三點至五點之間，我再也受不了重播的電視節目，於是決定放音樂來聽。一位護士進來，幫我播放了第一卷帶子。

第一首歌是「帝國合唱團」錄製的，歌名叫〈讚美主〉。歌詞內容是，當我們陷入掙扎之中，感到走不下去的時候，我們需要讚美上帝。凌晨三點鐘，躺在病床上聽這樣一首歌，簡直不可思議，但我繼續聽下去，渴望能得到一些幫助，讓我擺脫內心深處的創傷。在第二段裡有一句歌詞：「當我們開始讚美的時候，那些捆綁我們的枷鎖就會脫落。」整首歌的中心主旨就是，無論我們的處境如何，我們都要讚美上帝。

就在「帝國合唱團」第二遍合唱唱到枷鎖的同時，我低頭俯看自己的枷鎖——重達數磅的不鏽鋼架固定著我的手和腿。在經歷這次意外之前，我相信自己聽過並唱過這首詩歌不下一百次，我甚至自己彈奏過。就在這時，這些歌詞成爲來自上帝的訊息——從高天上直接擊中了我。

在這首歌唱完之前，我躺在那裡，聽見自己的聲音說：「讚美主。」

這首歌一結束，大衛·密斯就接著唱〈爲了我們〉。這首歌的歌詞提醒了我，耶穌基督哭泣、受苦並且死在十字架上，一切都是爲了我們。密斯唱道，他是如何終於發現，活著的眞正意義，就是將生命的每一部分都獻給基督。對我來說，這不是一首新歌，然而在那個黎明前的幾小時內，有一些事情改變了。除了音樂之外，我什麼也沒聽見——沒有其他房間傳來的呻吟聲，也沒有走廊裡護士的腳步聲。我感覺完全跳脫了周遭的世界。

我的心決堤了。淚水順著我的臉龐流下來，我無法擦拭它們——也不想擦拭，任由淚水流下，無法停止。我號啕痛哭，以前從不曾這樣哭過。我不確定，但我覺得自己至少哭了一個小時。

漸漸的，抽泣聲平息下來，我沉浸在寧靜之中。我躺在那裡，重擔全脫，感到非常平安。那時，我意識到另一個神蹟發生了：我的憂鬱症不見了，消失了。

我被醫治了。再一次被醫治。

幾首簡單歌曲的直接提醒改變了我。「帝國合唱團」提醒我，撒旦是一個說謊者。他想要偷竊我們的喜樂，替換成絕望。當我們陷入心靈掙扎，感到活不下去的時候，我們可以藉著讚美上帝來改變這種處境。這樣，我們生命的枷鎖就會脫落。

這些詩歌鼓勵我，也提醒著我，全然活著的眞正原因，是爲了將一切所有的都獻給上帝——即使是心碎和痛苦，也當獻上。上帝是我們活著的原因。

那天早晨，我下定決心無論如何都要繼續活下去。做這個決定，我沒有依靠精神治療，沒有依靠藥物，也沒有依靠心理諮商。在我聽到這兩首歌時，上帝醫治了我。絕望消失了，精神上的枷鎖也被解除了。我還知道，我所經歷，或承受的這一切，都比不上耶穌所受的苦難那樣可怕。

我並非暗示自己反對心理治療。在我出事之前以及康復之後，我送過許多人去接受心理諮商。但是由於我不願接受任何心理治療的幫助，所以上帝用這種出人意料、不可言喻的模式醫治了我。

我躺在那裡，我的態度改變了。我仍然不知道肉體的疼痛何時才會停止，也不知道我還要戴伊理扎諾夫支架多久，但我知道耶穌基督與我同在。我仍然不明白，爲什麼上帝要以一種戲劇化和無法理解的方式把我送回地上，並且活下去。但是，這已經不重要了。

現在我自由了。上帝醫治了我的思想意念。我的身體還得慢慢修復，但我已經經歷了最大的勝利。憂鬱再也不能煩擾我。這又是從天上來的另一個神蹟。

撒旦是一個說謊者。他想要偷竊我們的喜樂，替換成絕望。當我們陷入心靈掙扎，感到活不下去的時候，我們可以藉著讚美上帝來改變這種狀況。這樣，我們生命的枷鎖就會脫落。

11. 回到教會

所以你們要自卑，服在　神大能的手下，到了時候，祂必叫你們升高。你們要將一切的憂慮卸給　神，因爲祂顧念你們。

《聖經》彼得前書5：6－7

一些認識我很久的人，把我看成一個勇敢的人。然而，我從來沒有這樣看待自己，一刻也沒有，因爲我太了解眞正的自己。我深知，在這段痛苦的考驗中，我所做的實在微乎其微。

雖然我這樣看待自己，但朋友們和教會會友們說，他們看著我從完全無助的狀態逐漸好轉，並且恢復了基本正常的生活，因而受到了鼓勵。一些也正在經歷逆境的人對我說：「如果你可以承受這一切，我相信我也能承受這些小事。」

我很高興他們從我身上得到鼓勵，但我實在很難接受自己被別人視爲感動和勇氣的泉源。我不知該如何面對他們由衷的欽佩和讚揚，因爲，我什麼都沒做。我只想死。難道這有什麼値得人振奮的嗎？

當然，當人們告訴我，我是多麼讓他們感動，我不會與他們爭辯，但我清楚記得大衛·堅太爾對我說過的話：他和別人會爲我禱告，使我康復。我活著，是因爲別人不願意讓我死。這些熱心禱告的朋友，才是眞正值得敬佩的。

通常，當人們表示「如果你可以，我也可以」的時候，我總是點點頭，認同他們的話，並且加上一句：「我只是盡我所能去做。」事實上，在那些最悲慘的日子裡，這就是我所做的一切。有時候，「盡我所能」不過就是忍耐罷了。即使在我與憂鬱症纏鬥之時，我所能盡力去做的，仍然只是忍耐。也許這就是上帝所看重的吧，我不知道。

按本性來講，我是一個意志堅定的人，我承認有時候這種堅定近乎固執。然而，很多時候，我感到非常孤單，並且堅信沒有人可以理解我。我一直是這樣認爲。當我們在承受劇烈的痛苦，而且這種痛苦持續了好幾星期不得舒緩時，沒有任何人能了解這種感受。我也不知道對他們來說，了解這種感受是否值得。

但他們確實很關心我。我認爲這才是重要的。

五月中旬，我從醫院返家，但仍然必須躺在醫院提供在家使用的病床，一直到一九九〇年二月，前後足足有十三個月。回家之後，有好幾次病情惡化或受到感染，因此我也常得回去住院。其中有幾次，特別是在剛返家的那段期間，我受過致命的感染。有時候回醫院一住就是兩個星期，有時是三個星期。大多數情況下，都是伊娃開車送我去醫院，但總是醫院的救護車把我送回來。

從我剛出院的時候，教會會友就不斷的告訴我，想想發生過的一切，相形之下我看起來相當不錯。沒有人直截了當這樣說，但我想像他們的意思是：「我們爲唐禱告，不敢相信居然會有這樣的效果。我們祈求唐會活下來，我們祈求他會好起來。」也就是說，我本來是一個可憐的廢人，但我活下來了，正如他們所祈求。

事故發生時，我的兩個雙胞胎兒子，喬和克理斯多夫只有八歲，女兒妮可十二歲。在復原期間最讓我心痛的是，我的孩子也必須承受那種痛苦的感覺。他們沒多說什麼，但我知道他們的感受。

這是我兒子喬親手製作的一張卡片，是一九八九年二月他和爺爺住在一起時寫給我的。

嗨，爸爸：

你是最好的。我愛你，希望你喜歡這張卡片。

但願這一切沒發生。

我愛你，爸爸。

喬

幾個月後，我終於回到家。幾乎每個下午，弟弟克理斯放學回來，就會走進客廳，那裡放著我的床。他會走過來，一句話也不說，把頭靠在我的胸前。我不知道他靠了多久，也許沒有超過一分鐘。

他從來不說一句話。

他用不著說話。那簡單的動作足以說明一切。我感到我的兒子深深愛著我。

大約一分鐘後，克理斯便走進他的房間，脫下學校制服，換上玩耍穿的便服，到外面去玩了。這是他幾乎每天都會和我打招呼的模式。

我知道他很難過——的確很難過——所以他用自己唯一能用的方式來表達他的憂傷。

就在事故發生後的第六個月，我參與了妮可人生中一個特殊的時刻。

美南浸信聯會有專爲年輕人設立的各種宣教機構，其中最知名的是皇家使者男青年團、女青年行動會和行動女青年團。妮可的年齡一滿，便參加了女青年行動會和行動女青年團。她達成了所有的規定，例如背誦經文、各種教會服事項目和短宣行動。在妮可十四歲時，她得知自己將在一九八九年六月南園浸信會舉辦的一次加冕禮上，獲得「持杖皇后」的榮譽稱號，作爲對她的獎勵。

這個稱號是對行動女青年團成員的最高獎勵，而且是在教會舉行的儀式上頒發的。妮可得到這個獎勵，是表揚她有堅定不移的精神。在那段時間，她投身於各種活動，不能住在家裡。我們的朋友蘇珊和史丹向妮可開放自己的家，她就和他們住在一起。妮可沒有從我這裡得到感情和物質上的支持，因爲當時的我正在醫院裡痛苦的掙扎求生。妮可從母親那裡得到的支持也很少，因爲伊娃的生活作息就是，每天下午一離開學校

唐參加妮可行動女青年團的加冕禮。

立刻趕到醫院，在醫院裡一直陪我直到回家睡覺爲止。

艱難的處境使我們更加爲妮可感到驕傲。

加冕禮中的一項傳統，就是父親要護送他們的女兒走過會堂的走道，進入會場。如果這個女孩有兄弟，他們要跟在女孩後面，手拿皇冠和節杖。

從南園浸信會一年一度加冕禮的慣例時間來看，我能否出席都是很大的問題，更別提要護送妮可進入會場了。

我很感激醫生及時准我出院，好讓我能參加妮可的加冕禮。我眞的很想出席。儘管這不是她的婚禮，但卻是她年輕的生命到目前爲止最重要的一件大事，我希望和她共享這個時刻。

我坐在輪椅上，妮可挽著我的手臂。克理斯和喬走在我們後面，拿著放在墊枕上的皇冠和節杖，並且幫我推著輪椅經過走道。我上半身穿著西裝，繫著領帶（這是事故發生後我第一次這樣打扮），爲了不影響伊理扎諾夫支架，下半身則穿著運動褲並剪開兩邊。

自己的父親能參加這個對她一生極其重要的場合，妮可喜出望外，而更令她興奮的是，她的父親竟然還能陪著她「走過」。

當我在走道上慢慢的移動，淚水濕潤了我的眼睛。我聽到有人在抽泣。但我也知道，我們流的是喜悅的眼淚，爲了妮可一生中的這個美好時刻。

我相信，最初醫生同意讓我回家，是因爲他們認爲在有家人陪伴的環境中，我可以恢復得更快，同時住在家裡也可以節省許多開支。我不確定原因到底是什麼，但我很高興能離開醫院。保險公司並沒有支付我任何醫療費用。一開始，是由「勞工意外賠償」支付了部分費用，最後則是由德州州政府負擔了我的醫療費，因爲聯邦法庭判定他們有過失。

儘管如此，住在自己家裡，對我和我的家人來說，也不見得輕鬆省事，尤其是伊娃。每天我都需要有人來替我打針，還必須接受物理治療——這一切治療都在家中進行。我們家的客廳看起來就像一間病房。能離開醫院死氣沉沉的環境，我的確覺得好多了。得以處在我所熟悉的事物中，光是這一點就令我振奮了起來。我可以從窗外看到鄰居的房子，而且有那些不穿白色制服的人們隨時來看我，也讓我感到很愉快。

醫療小組送來我的床和吊杠器——和我在醫院裡用的一樣。護士每天來探訪，物理治療師隔一天來一次。

那段時間最美好的回憶是，在伊娃出去工作後，會有一些好心的人每天來陪我。當教會會友得知伊娃必須回學校教書，否則就可能失去工作時，他們決定盡己所能的來幫助我們。

吉妮福斯特是教會主任牧師的妻子，她調派了一些人，每天來家裡陪我。吉妮笑稱這群人爲「唐巡邏隊」——多半是教會的婦女，還有一些是退休的男士。

從伊娃早上離家到她回來，中間約有七個小時。我的睡眠時間取決於何時因承受不住疼痛而昏迷過去。不過慢慢的，我也養成了規律的睡眠習慣。通常，我會在凌晨兩三點入睡，在早上十點左右醒來。唐巡邏隊大約在九點到，那時我仍在睡覺。他們有時爲我準備午餐，或者他們會帶著午餐來。

常常，當我醒來時，會看到一位可愛的婦人在我床腳邊織毛衣，或是一位長輩在讀《休士頓時報》。他會放下報紙，對我微笑著說：「早安。你需要什麼嗎？」

甜美的臉孔每天都更換著，好像閱兵秀一樣。儘管這些志工經常更換，但是他們有共同的目的：照顧唐，陪伴唐。

日復一日躺在病床上，我意識到別人爲我們做了許多事。在我住院期間，埃爾溫教會的朋友把我們的家具整理裝箱，幫我們搬到一棟新房子，好讓我可以住在一樓，不必爲上下樓梯而煩惱。

白天，我從我的「病房」透過露台的窗戶向外觀望，常常會看到就讀高中的布蘭頓和馬特·米勒，還有他們的朋友科瑞斯·阿爾斯頓在爲我們割草。有一天晚上，科瑞斯開著我的箱型車，出乎意料的帶我去看了一場電影。我已不記得是哪一部片，但我永遠忘不了他的心意。還有一次強風颳倒了我們家的籬笆，而我們還沒來得及請人來修繕，籬笆已經恢復原狀了。只有上帝知道在我康復的過程中，人們爲我們付出了多少愛。

✣

每天早上，當我在床上一有動靜，我的「看護人」就會起來，遞給我牙刷和臉盆，讓我刷牙洗臉。接著，他們會把一杯柳橙汁送到我嘴邊，然後爲我準備一頓豐盛的午餐。

他們餵我吃飯，幫我清潔，確保我的身體是處在最舒服的狀態。這一切做完之後，他們還會問我一個相同的問題：「在我走之前，還能爲你做什麼嗎？」

我的回答總是一樣：「不用了，謝謝。」我會努力露出我希望是最美麗的那種微笑。或許我的笑容並不美，但他們總是用微笑回應我。

「沒事，我沒問題。」

人們願意爲彼此付出的犧牲和奉獻是沒有限量的。儘管我們不夠完美，然而上帝無疑要表明，在我受傷及康復期間所受到的關懷乃是最重要的明證，證明人是依著上帝的形象所造的。

在唐巡邏隊的天使每天靜靜的離開後，大約一個小時內，門又會打開。伊娃結束了一整天在學校漫長的工作，回到家中。她總是給我一個大大的微笑，又親吻我。

「你好嗎？」她會問。

「我很好！」我回答，這是我的眞心話。

我無法用言語表達自己的感受。唐巡邏隊的天使們每天的探訪帶給我極大的安慰，使我的精神備感高昂。

在我回家後的幾個月，唐巡邏隊的成員一直熱心接送我到家附近的埃爾溫接受水療。最初的十三個月裡，我若不在醫院裡，就是躺在自家的醫療床上。有好幾個月，除了接受治療外，我一天之中下床的時間不超過五分鐘。有些日子，我甚至根本不下床。

最糟糕的是，一旦躺在病床上，我就完全喪失了行動能力。我既不能起來，也不能爲自己做任何事。沒有物理治療師的幫助，我根本無法坐立，當然也不能靠自己的力量挪動半步。

慢慢的，一點一滴，我開始重新學習走路。當我第一天靠著自己的力量下床時，我只走了三步路。我重重的向後跌倒在床上，全身精疲力盡。然而，我開心的笑了，我能走路了。三步路聽起來多麼微不足道，但我當時眞的充滿成就感。

從如此劇烈的創傷中復原，所花費的功夫幾乎與訓練幼兒不相上下。長時間以來，我都不能自理，以致當我終於能自己去上廁所時，似乎成了一項偉大的成就。重新走路成爲一個明顯的提示，讓我更珍惜那些平時我們以爲理所當然的事，譬如談話、行動，甚至活著。

能夠重新走路，不僅是我個人的成就，也要歸功於上百位醫護人員，他們不辭辛勞的幫助我。另外，還要歸功於信任我的朋友和家人，儘管他們並不了解，邁開雙腳走這麼一小步路對我來說有多麼艱難。

我想，能夠行走無疑是代表了一種意志上的勝利，同時也意味著我可以開始過相對正常的生活。我常常想起在三一松的最後一晚，我和湯瑪斯在營地散步的情景。那是我最後一次正常走路。多少個月以來，沒有人敢確定我是否還能重新走路。有很長一段時間，我搖搖晃晃的走兩三步路，就像攀登喜馬拉雅山一樣艱難。

「我成功了！」我對著寂靜的房間大喊：「我能走路了！我能走路了！」

自己在家中邁出的這最初幾步，是我在復原期間最美好的回憶之一。這小小幾步路，使我確信我正在康復。現在我有了奮鬥的目標。我已經度過恢復期最糟糕的一段時間。我知道我會繼續好起來。每一天，我都會比前一天多走幾步路。一個星期後，我已經能繞著客廳走一圈了。

伊娃回到家中，總會看我展示每天的進步。她的笑容，令我感到自己好像贏了一場馬拉松。有一天下午，當我向她展示我可以自己走遍整棟屋子時，她顯得無比的歡喜。

從醫院回家一星期後，我就決定要在星期日早上去教會。

現在看來，我當時的決定是太操之過急了。不過當時，我的確感到一種熱切的渴望，想要立刻回到愛我的人們當中，和他們一起敬拜上帝。我們打算在一小組人的幫助下前去教會，並決定先不向會眾宣布這件事，免得萬一我去不成，讓很多人失望。

那時候，我已經可以坐輪椅了——只要有人能把我從床上抬起來，放在輪椅上——但還不能站立。有六位教會的朋友來到我們家，把教會的一輛箱型車的座椅拆下來。在教會裡，他們已經砌了一個斜坡，以便把我推上教會大門。

我一直掛念著我給他們帶來的麻煩，好幾次向他們致歉，但他們向我保證，這是他們樂意效勞的。

於是我想起傑伊說過的話。在事故當天，我的家人和朋友都目睹過我的慘況。我無法想像自己當時的模樣使他們承受了怎樣的震撼和驚嚇。他們必須面對我可能死亡或長期癱瘓的可能性。可以說，與我相比，這種痛苦對我的家人和朋友來說更難以承受。他們樂於幫助我。以某種意義來說，這也是他們生命自我恢復的一部分。他們很高興爲我做一些特殊的事。

儘管我很想在那天早上參加崇拜，但還是很難接受讓他們替我做所有的事，但我自己又全然無助，只能依靠他們。當我再一次意識到這一點時，我笑了。

「謝謝你們！」我說，然後放心的讓他們來照顧我。

他們小心翼翼的把我放進箱型車，送我抵達教會。車子停在教堂的邊門。當車門打開時，正要進入會堂的會友們看見了我。

「看！是唐牧師！」有人喊了起來。

我聽見歡呼和鼓掌的聲音。人們站到兩旁，騰出空間，好讓那幾個人把我的輪椅推上斜坡。

緊接著，全場沸騰起來。人們紛紛向我湧過來。一些人歡呼著，而似乎每個人都想摸摸我，和我握手。我簡直不敢相信，他們是以如此大的熱情來回應我。

終於，他們把我推到裡面，將輪椅停放在講台前面、教會管風琴的旁邊。這已經是最前面了。

全體會眾都可以清楚的看見坐在前面的我。我微笑著，心裡想：「從我到三一松參加會議，到現在重新回到教會，不過才五個月。也許慢了一點，但我是忠心的。」

這時，有人在我耳邊小聲說：「我們想請你對大家說幾句話。」他走到我的身後，把我推到會堂中央的講台前面。

就在此時，我已經開始感到疲憊不堪。也許一路上疲累都在折磨著我，只不過因爲我下定決心要來教會，不願意承認自己已精疲力竭。我已經下床超過兩小時，這是我頭一次下床這麼久，也是我第一次坐在輪椅上這麼久。

就在此時，我意識到自己決定來教會是一件愚蠢的事，因爲我的身體狀況尚未達到那個條件。由於我自己的固執，又高估了自己的承受力，而吃了苦頭。

更糟糕的是，我完全被會眾充滿愛意的回應感動了，我不知道自己是否還能開口說話。好多個星期以來，我都不在這裡，而且又經歷了這麼巨大的變故，我現在能說什麼呢？

正當我猶豫著該說什麼的時候，有人把麥克風塞到我手裡。我握著麥克風，心裡想：「你們實在不知道，在整個復原的過程中，我可誇的地方實在是微不足道。在你們看來，這是一場勝利。然而，在我看來，不過就是掙扎著活下來罷了。」

這時，人們自發的鼓起掌來。我能預料到他們看見我會很高興，但卻沒想到人們會如此由衷的發出像潮水一般對上帝的讚美聲。會堂中每一個人都站了起來，開始鼓掌——掌聲久久不能平息。最後我揮手讓他們停住。

我注視著大家，感到自己有愧於他們的掌聲和激動之情。我不敢相信，這些人是在為我鼓掌。「他們要是真的知道……」我想：「他們要是真的知道……」

就在這時，上帝對我說話了。在我一生當中，只有不多的幾次，我在腦海裡聽見像這樣一個非常清晰的聲音。

「他們不是在為你鼓掌。」

就這樣一句話，情況改變了。我能夠說話了。我終於明白了。他們是在感謝上帝為我所做的一切。感謝上帝使我從死裡復活。我釋然了。這是一個榮耀上帝的時刻。這並不是對我的讚美。

我又等了很長一段時間，直到掌聲停止。我只說了四個字。在那個榮耀的日子裡，在場的任何一個人，都可以告訴你我說了什麼。我說的是：「因你禱告，我回來了。」（You prayed. I'm here.）

會眾再次迸出熱烈的掌聲。就算我再說什麼，我相信他們也聽不見了。

我雖沒辦法對大家說話，但那時我相信——現在仍然相信——我活了下來，單純是因爲有一些人希望我活下來。他們堅持不懈，熱心禱告，殷切祈盼，並且相信上帝會垂聽他們的禱告。以前從未認眞禱告的人，現在爲我禱告。有些人幾年來都未曾開口禱告，現在開口呼求上帝救我不死。我的經歷使許多人重新跪下禱告，而不少人在爲我存活而禱告的過程中，生命發生了奇妙的改變。

當我眞的活下來了，這些人——特別是那些過去沒有禱告習慣的人，表示這次的經歷徹底改變了他們的生命。比如說，一些與我素不相識的人——住在卡特伍德、亞利桑納、布法羅或紐約，經過一而再、再而三的流傳，聽說了我的故事。在後來的三年裡，經常有人會走過來對我說：「我在電視節目訪談中見過你。你就是那個人！我曾經爲你禱告。」或者，他們聽過我見證的錄音帶，是我的教會發出去的。他們說：「你不知道這件事意味著什麼。上帝垂聽了我們的禱告。我們很高興你活下來了。」

對某些人來說，我已經不是一個人，而是一種象徵。在他們的心目中，我象徵著禱告得蒙應允。他們也許會記得我在南園教會的服事，甚至記得我講過的一些信息，但最令他們印象深刻的是，他們曾經在深切眞摯而執著的禱告中，尋求上帝的面。他們祈求上帝讓我活下來，而我眞的活下來了。我不知道這究竟是怎麼一回事，只能說這是出乎我預料且超乎我想像的一件事。

我想我也成了一個活生生的見證，回答著人們想得到的答案。自從我開始向別人講述我在天堂的經歷，已經數不清有多少人來找我，問我天堂是眞的嗎？天堂究竟是什麼樣子？諸如此類的問題。有時他們會問一些具體的問題，譬如有關天堂的讚美，或者黃金街，而且總有人會提到他們剛去世的親人。

我去過天堂，又回到地上，現在還能和他們說話。光是這個事實，就使許多人深深的得到安慰。有時候，這讓我感到非常神奇。

直到今天，還有人看著我身上的疤痕說：「因著你所經歷的一切，你就是一個神蹟。你是一個活著的神蹟。」

對某些人來說，我已經不是一個人，而是一種象徵。在他們的心目中，我象徵著禱告得蒙應允。他們祈求上帝讓我活下來，而我真的活下來了。

12. 敞開

我們原知道，我們這地上的帳棚若拆毀了，必得　神所造，不是人手所造，在天上永存的房屋。我們在這帳棚裡嘆息，深想得那從天上來的房屋，好像穿上衣服；倘若穿上，被遇見的時候就不至於赤身了。我們在這帳棚裡嘆息勞苦，並非願意脫下這個，乃是願意穿上那個，好叫這必死的被生命吞滅了。

《聖經》哥林多後書5：1－4

上帝使用我最親密的朋友大衛・堅太爾，讓我活了下來，我很感恩。事故發生兩年後，上帝再次使用大衛，改變了我的生命。

事故之後，我一直未曾向任何人提到我的天堂經歷。我曾向伊娃約略談起，但我總是在她發問之前，就打住了話題。伊娃明白我的那段經歷是一個無法談論的禁區，好在她從不勉強我多說什麼。

並不是我想對伊娃有所隱瞞，我只是無法與人談論。我覺得這段經歷太神聖了，如果試圖加以解釋，無異是貶低了這整件事。

在我出院將近一年半後，大衛到休士頓地區來參加一個門徒週末訓練。藉此機會，他到家裡來拜訪我。

在我們倆單獨相處的時刻，我回憶起那段躺在加護病房的日子。記得當時我說我撐不下去了，他就告訴我，他會以禱告扶持我。我們談起那天的情景，我再一次感謝他的友誼和他恆切不移的禱告。

「現在你感覺如何？」他問。

「我還是很痛。」我努力笑著，說：「我總是很痛，但這還不是目前最糟糕的問題。」

他俯身靠近我，「最糟糕的是什麼？」

「我不知道我該做什麼。對於將來，我沒有任何明確的方向。」

大衛只是聆聽著。我告訴他我想做的事，有哪些事是我的身體無法做到的，而且我不確定上帝是否要我繼續在南園教會服事。我感受得到南園的會友愛我，也需要我，但我不確定我是否應當留在那裡。

大衛聽了很久，然後溫和的問我：「從這次事故和康復的經歷中，你學到了什麼？」

我用三、四分鐘的時間，告訴他幾件事，特別是提到我學習讓別人進入我的生命，讓他們來幫助我。接著，我說：「在這所有的苦難和沮喪中，我認識到天堂是真實的。」

大衛揚起眉毛問：「你這樣說是什麼意思？」

於是，我吞吞吐吐的向他說出了一些我在天堂停留的經歷，只講了一點點。「還有呢……」大衛說。我不覺得他是在故意刺探我的隱私。大衛是我的朋友，他想了解情況。我也意識到，我可以對大衛談天堂的事。如果這世上有人能理解的話，那無疑就是他。

「在那次事故中，我死了。接下來，我突然站在天堂裡！」我說。

大衛探身向前。儘管他不發一語，等我繼續往下說，但我看得出他眼裡的興奮。

我說的越多，他就變得越興奮。現在想來，我相信大衛的激動，一方面是因爲我親身肯定了天堂的眞實，一方面是他知道我在這次漫長而痛苦的過程中，經歷了一些美好的事情，而爲我感到欣慰。

當我說完天堂的經歷，他什麼也沒說。一股寧靜的沉默充滿了整個房間。我們的友誼已經到了能意會而不須言傳的地步。

終於，大衛緩緩的點點頭，問我：「爲什麼你以前從沒提到這些？」

「有兩個主要的原因。第一，如果我到處跟人提起我的天堂經歷，人們會以爲我瘋了。」

「爲什麼你會這樣認爲呢？我聽了你的經歷，可是我並沒有……」

「第二，」我打斷了他：「我不想重提這段經歷……怎麼說呢，這是一段很私密、很特別的經驗，連我自己苦苦思想，也不能完全明白。不是我不願意說，而是覺得自己不能說。」

「爲什麼你認爲自己經歷了天堂，卻不應該告訴別人呢？」

「對於這個問題，我至今沒有答案。」

「爲什麼？」

「讓我問你一個更重要、更現實的問題。我曾問過自己：爲什麼我去到了天堂，而天堂卻離我而去？這一切是爲了什麼？」

此時，幾個月來壓抑在我內心的憤怒爆發，內心的痛苦宣洩而出。

「爲什麼我要經歷這一切？我目睹了榮耀和美好——我一生中最有力、最震撼的經歷——然後我還是得回來。爲什麼？就爲了這個？」我指著自己的手和腿。「聽著，我遭遇了一場變故，這場變故奪走了我的生命。我立刻到達天堂。天堂那麼壯麗、那麼美好，超過我所有的想像。然而我才剛體會到天堂的榮美，就又被拉回這個世界。我的身體一團糟，疼痛無休無止，再也無法回復健康和強壯。我一直苦苦思索著這個問題，因爲——因爲，說句實話，這一切對我來說太殘酷了。」

大衛注視著我，再次問道：「爲什麼你認爲你經歷了天堂，卻不應該告訴別人呢？」

「我已經說過了，對於這個問題，我沒有答案。」

「有沒有可能，上帝帶你到天堂，又把你帶回來，就是爲了讓你把這段經歷告訴別人？你難道沒想到，你可以成為別人莫大的鼓勵嗎？」

他的話語震動了我。我一直在為自己著想，從來沒有想到別人。

當我試著向大衛說明我的感受，也向我自己解釋這件事時，我崩潰了。我當著他的面哭了。我知道我可以在他面前哭。

大約有二十分鐘的時間，我們討論著這件事。大衛不斷溫和的敦促我，雖然我知道他說的有道理，但我還是覺得難以說出這段經歷。

最後，大衛說：「我要你和我立一個約定。」

「什麼約定？」

「很簡單。找兩個你信得過的人，告訴他們你的經歷，看看他們的回應。」他繼續解釋道，如果這兩個人認為我瘋了，或認為這是我的幻覺，那我從此以後就可以不再提起這段經歷。

「但是，如果他們和你一同歡喜，」他說：「而且催促你再多講一點，我要你把這當作一個憑據——這個憑據，表示上帝要你說出你在天堂九十分鐘的經歷。」

經過仔細的考慮，我和他立了這個約定。「這一點我可以做到。」

「什麼時候？」

「我答應你很快就去做。」

「很快，對嗎？」

「好的，我答應你，不會拖延。」

大衛為我禱告。我聽著他禱告的話語，內心已篤定。這不再是一個選擇——我必須說出來，但我會照著自己的方式去做。

首先，我要選定那些我信任的人，告訴他們這神聖的祕密。擇定人選之後，我仍然要謹慎行事。我要在一對一的場合下，才說出我的祕密。我會等他們先問起我的健康——他們一定會問——然後我才簡單的說幾句，比如：「你知道嗎，那天我死了。等我醒來的時候，我發現自己在天堂裡。」

每一次，他們的回應都是一樣：「再多說一點……」他們說的未必就是這幾個字，但他們的意思就是這樣。我看得出他們瞪大了眼睛，還想知道更多。

於是我就再講一點。沒有人懷疑我的神智是否正常，也沒有人說這是我的幻覺。

「你得把這段經歷告訴別人。」其中一個人說。

「這個經歷不只是屬於你，」另一位朋友說：「它也屬於我們，也是我的。」

接下來的兩個星期，我所聽到每個人的話語，都讓我想到自己在醫院裡被傑伊責備時的情景。那時，我不願讓任何人來幫助我，那樣做是很自私的。而這一次，我不願把我的經歷告訴別人——這也是一種自私的表現。

「好吧，我會說的。」我默默自己發誓。

由於大家都知道我發生過悲慘的車禍，我就很自然的從這件事開始，講述我在天堂的經歷。一開始，我很謹慎，不過隨著人們大力支持回應我，我也越發開放，不再計較該對誰說出這件事了。

我要澄清一點，儘管我知道自己應當說出來，但這對我來說畢竟不是容易的事。即使現在，經過了多年，我還是不願意與人深入討論我生命中的事。如今，如果有人問起，我只會說自己看到一眼天堂的景象。然後，除非我覺得那個人迫切想知道，否則我不會繼續說下去。

這也是爲什麼我過了這麼多年才寫出這本書。我不想讓自己去過天堂又回到地上的經歷，成爲我活下去的唯一原因。恰恰相反，這是一段非比尋常、極其私密的經歷，對人反覆述說這件事，會讓我很不自在。

我在公開場合講述我的經歷，也對個別的人說。之所以把這段經歷寫下來，是出於好幾個原因，因爲我的故事會帶給不同的人不同的意義。例如，當我對群眾演講的時候，在場的人當中總會有一兩個剛剛失去親人，需要從我的經歷中確信他親人所去的地方。

在演講結束之後，我同樣驚訝的看到，那些想和我談話的人迅速排起了長隊。他們走過來，眼裡含著淚水，臉上寫滿憂傷。我覺得很感恩，因爲透過我的分享，可以帶給他們平安和安慰。

我承認我的話語確實能帶給別人安慰，但這並不等於是我自己想做的事。如果不是大衛・堅太爾敦促我，我依然不會向任何人說起。

我很感謝他鼓勵了我，使我不僅在星期日的禮拜上，也在我主持葬禮時，看見了這樣事奉的效果。事實上，這段經歷改變了我對生命的許多看法，甚至改變了我主持葬禮的方式。現在，我可以根據親身的經歷，充滿權柄的宣講有關天堂的事。

除了我自己奇蹟般的經歷外，這次天堂之旅還帶來四個重要的影響。第一、我完全相信上帝是回應禱告的。因著禱告得到應允，所以我現下還能活著。第二、我毫不懷疑的相信，上帝仍然在行神蹟。太多的人讀過聖經裡超自然的神蹟，以爲那些只是聖經時代的事蹟。然而，我堅信上帝一直在進行超乎尋常的事。每一天，我都感謝上帝，我就是一個活著、會走路、會說話的神蹟。

第三、我希望去天堂的人越多越好。我一直相信，基督教所宣講的天堂是眞實的，是上帝爲祂的子民預備的地方。自從我親身經歷天堂後，我有一種更強烈的責任感，要把去天堂的道路，指明得清清楚楚。我不僅希望人們去天堂，我還有一種迫切感，要幫助人們敞開自己的生命，好讓他們確信自己死的時候將要去的地方。

我還會想到那些在高速公路上遇難的人。在傳福音的事工中，有人會利用類似的故事當成一種恐嚇手段，催促別人決志相信耶穌基督。但是因爲我自己的經歷，我認爲一樁樁的交通事故清楚的表示，我們的生命隨時可能會消失。我不希望看見別人在沒有認識耶穌基督的情況下死亡。

最後一點，有一次，我和迪克．奧尼瑞克談起這種迫切感。他能了解我爲什麼有這種感覺。我對他說：「迪克，我要再次感謝你救了我的命。顯然我無法道盡我的感激之情，感謝你在那個下雨天，忠心順服了上帝。」

「任何人都會這樣做的。」他說，然後開始哭起來。

「我不是想讓你難過。」我很過意不去，因爲我的話讓他哭成那樣。「我絕不想讓你這樣。」

「我不是爲這個而哭。」

幾分鐘後，他終於恢復了情緒。

「那你爲什麼哭呢？」

「我在想，那天，我來到事故現場，問警察我能否爲你禱告——我想，任何一個基督徒都會這樣做。雖然警察說你已經死了，但我知道——我只知道——我必須爲你禱告。在我看來你只是受了傷，我想要讓你感覺好一點。我沒有做任何特別的事。」

「不，你做了。警察告訴你，我已經死了——」

「聽我說，唐，假如你看見一個小孩子跑到馬路上，你一定會衝上前去救他的命。這是人的本性。我們總是盡力去挽救生命。只要有機會，任何時候我都會這樣做。是你的話，也會這樣做的。」

當時我們坐在一家餐廳裡。迪克停下來，看看四周，說：「我們坐在這裡，周遭都是人。其中有許多失喪的人，正往地獄裡去，可是我們卻一言不發，不去告訴他們如何才能得到永生。這是我們的問題。」

「你說的完全正確，」我說：「我們願意去救任何一個處在看得見的危機之中的人，然而許多人處在屬靈的危機中，我們卻一言不發，不去告訴他們如何擺脫屬靈的危機。」

「這就是我哭的原因。我保持沉默，害怕和別人說話，不願意開口，這一切令我感到自己有罪而內疚。」

接著迪克又說，聽我敘述自己的經歷，以及因著他的禱告我重新回到地上，他因而得到了釋放。從前，他害怕開口，自那以後他就有了勇氣，可以放膽向別人傳說耶穌基督了。

「有沒有可能，上帝帶你到天堂，又把你帶回來，就是為了讓你告訴別人這段經歷？你難道沒想到，你可以成為別人莫大的鼓勵嗎？」他的話語震動了我。我一直在為自己著想，從來沒有想到別人。

13. 緊握的手

他是你所讚美的，是你的　神，爲你作了那大而可畏的事，是你親眼所看見的。

《聖經》申命記 10：21

事故發生一年多之後，我很榮幸能在迪克的教會，克林第一浸信會（Klein First Baptist），分享我的經歷。迪克的妻子艾妮塔也出席了，還有我的家人也在。我仍然戴著腳架，而且得由兩個人協助我走上講台。

我向大家講述了整段經歷，以及在我回到地上之後的歷程中，迪克所扮演的角色。「我相信我今天能活著，是因爲迪克的禱告使我回到人間。」我說：「在我恢復知覺的那個瞬間，我只記得兩件事。第一、我在唱〈耶穌恩友〉這首歌。第二、迪克握著我的手，握得很緊。」

早晨的崇拜結束後，我們一行人齊聚在一家中國餐館吃午飯。艾妮塔坐在我對面。我記得自己小口小口的喝著餛飩湯，和會友度過了一段愉快的時光。

當交談的話題稍歇，艾妮塔挨著桌子靠過來，輕聲對我說：「我覺得你早上講得很好。」

「謝謝。」

「不過有一件事——在你分享的話中，有一件事我覺得需要更正。」

「是嗎？」她的話使我震驚。「我說的每一件事都力求準確，絕對沒有刻意誇大。我的話有什麼地方不對嗎？」

「你說迪克鑽進你的車子裡，你還說他一邊握著你的手，一邊爲你禱告。」

「是的，那一幕我記得很清楚。雖然我的確有幾段記憶空白，不少事我記不清。」我毫不遲疑的承認，我講的某些內容是從別人那裡聽來的。「但是有一件事我記得非常清楚，就是迪克在車子裡爲我禱告。」

「沒錯，他的確鑽進車子裡爲你禱告。」她靠得更近一些。「但是，唐，他從來沒有握住你的手。」

「我很清楚記得我握著他的手。」

「沒有這回事。依你當時的身體姿勢，這事是不可能發生的。」

「但我記得非常清楚。這是我印象最深刻的……」

「你想想看，迪克從後車廂越過後座，鑽進了你的車子，把手放在你的肩上，碰到了你。當時，你面孔朝前，左臂幾乎快要掉下來。」

「對，就是那樣。」

「迪克說，你倒在座椅上，斜傾向旁邊的乘客座。」

我閉上眼睛，想像她所描述的情景。我點點頭。

「你的右手被壓在乘客座那邊的底板上。雖然防水帆布蓋住了車子，迪克還是可以看見你的右手被壓在下面。他不可能碰到你的手。」

「可是……可是……」我吃驚的說，幾乎無法回應！

「是有人握著你的手，但不是迪克。」

「如果不是迪克，那會是誰的手？」

她微笑著說：「我想你應該知道的。」

我放下湯匙，盯著她看了幾秒鐘。無論如何，當時的確有人握住我的手，毫無疑問。接著，我明白了。「是的，我想我知道是誰了。」

我立刻想到聖經中希伯來書的一處經文，裡面提到有人在不知不覺中接待了天使（希伯來書13：2）。我思索了一會兒，又想起另外有些事也是無法理解的，只能有屬靈的解釋。例如，在醫院的病房裡，許多次夜深人靜時，我本來是處在心情的最低潮。我沒有看見或聽見任何人的動靜，但感覺到一種同在——某樣東西，或某個人——托住了我，鼓勵我。我沒有向人提起這件事。我無法解釋，所以我想別人也不會明白。

這又是另一個神蹟。如果不是艾妮塔糾正我，我是不會知道的。

事故發生的五年後，迪克和我一起出現在培特·羅伯森的

「700俱樂部」節目中。一個攝影小組來到德州，打算重演錄製這次事故，並邀請我分享在天堂大門的經歷。在接下來的兩年內，「700俱樂部」多次重播了這一集。

二〇〇一年，我經歷了另一個出乎意料的轉折。那年，迪克因心臟病發作而去世了。聽到他去世的消息，我承認我非常難過，但我也很高興，因爲他已經在榮耀的天堂裡了。迪克救了我的命，而上帝先帶他回去天堂了。我很欣慰，在他啓程去天堂之前，已經聽過我分享上天堂的經歷。

自從事故發生一年多之後，我與艾妮塔有了這次談話，使我更加堅信，上帝讓我回到地上，是有特別的目的。天使握著我的手，是上帝在托住我，好讓我知道，無論處境有多麼艱難，他都不會放棄我。

也許我不是每天都能感覺到那隻手，但我知道它就在那裡。

「是有人握著你的手，但不是迪克。」

「如果不是迪克，那會是誰的手？」

她微笑著說：「我想你應該知道的。」

我放下湯匙，盯著她看了幾秒鐘。接著，我明白了。

「是的，我想我知道是誰了。」

14. 新的「正常」生活

耶和華説：「我必使你痊癒，醫好你的傷痕，都因人稱你爲被趕散的，說，這是錫安，無人來探問的。」

《聖經》耶利米書 30：17

有些已經發生的事，我們再也無力恢復，因爲它們擾亂了我們原來的正常生活。人生就是這樣。

人的天性總傾向於努力恢復過去的生活模式，總想從中斷之處繼續前進。然而，如果我們夠聰明，就不會眞想回到以往的模式（事實上我們也不可能回去）。相反的，我們必須忘掉舊的生活，接受一套「新的生活方式」。

我曾經浪費許多時間，回想自己曾是多麼健康，沒有身體上的障礙。我常在腦海中想著生活該是怎麼樣。然而現實中，我知道我的生活再也無法回到從前，因此只能調整自己，接受身體的障礙，讓它成爲我新生活的一部分。

記得小時候，我曾在曾祖父母家的客廳裡，坐在一張大大的棕色地毯上，聽他們談論往日的美好時光。聽過幾個故事之後，我心想：「那些日子也不見得那麼好。」——至少他們所講的往事聽起來並不是那麼美好。也許對他們來說那的確是一段美好的時光，但或許他們忘記了那些日子裡也有消極的部分。在人生中的某些時刻，許多人都會想回到過去那種更簡單、更健康、更幸福的日子。然而，我們無法回到過去，只能偶爾追憶一下往事。

我在二十幾歲的時候，曾擔任流行音樂節目的主持人。我常常會播放一些老唱片。那時常常有人打電話來點播老歌，而且表示從前的音樂比現在的好。事實上，在那段時間，好與不好的唱片我們都播過，只不過不好的唱片很快就被人遺忘了，如同現在不好的唱片一般。不受歡迎的音樂，就不會有人再來點播。動聽的歌曲著實令往日的時光變得美好，而這些音樂幾乎都格外經典。事實上，三十年前、五十年前也都有不好的音樂——不好的音樂一大堆。人生經歷也是如此。我們總傾向於忘記負面的過去，而時常追憶愉快的往事。事實就是，我們選擇性的記憶了一些事，也選擇性的遺忘了一些事。

一直到我想通了這個道理，我就決定不再回憶過去了。因爲無論我覺得從前的時光多麼完美，那段人生已經結束。我無法恢復健康強壯，而我唯一能做的，就是去開展一個新的正常生活。

「是的！」我對自己說：「有些事我是再也不能做了。我可以不喜歡這樣，甚至可以自怨自艾，但都無法改變現狀。如果我能早一點心平氣和的面對事實，接受挑戰，就能早一點獲得平安，享受我的新生活。」

有個故事，可以說明這種轉變。

二〇〇〇年初，我帶著一群學生去滑雪旅行，從休士頓到科羅拉多。滑雪曾是我熱愛的運動之一，但現在，由於無法參與，我只能坐在山腳下的俱樂部裡從窗外眺望，看他們從山上滑下來。我很沮喪，心裡想著：「我犯了一個大錯，我眞不應該來這裡。」我一邊爲他們高興，一邊卻爲自己再也不能滑雪而感到悲哀。

我還想起另外一些事，也是我再也不能做的。我回想這些不下一千遍了。當我還在當教會主任牧師的時候，每次主日早晨聚會結束，我會在教堂門口招呼大家。「我們很享受你的講道。」大多數的成人會說：「很棒的聚會！」

可是小孩子不一樣。他們會爲我畫畫，然後拿到我跟前來給我看。事故發生之前，我喜歡孩子們圍繞在我身邊。我會跪下來和他們談話。在康復之後，我再也不能像從前一樣，蹲下來凝視他們微笑的臉龐，對他們說：「非常感謝，我很喜歡這幅畫，畫得很漂亮。」

事故發生之後，我頂多只能彎著身子和他們談話。也許這在別人身上算不得什麼，但對我來說卻是一件大事。我再也不能蹲下來。我再也不能跪在地上，和孩子們一樣高，因爲我的腿已經失去這個能力。

還有一個例子。當我去速食店消費，開車走「得來速」車道付款時，我無法用左手接過找回的零錢，只能用右手繞過去接。這看起來很怪，有時別人會用異樣的眼光看我，但我只能這樣做。

這些例子沒什麼特別，但卻提醒我們，有時日常生活中習以為常的人事物，會突然且永久的離開我們。從此，我們只好永遠的改變了。

在漫長的住院期間，曾有人給我看一篇雜誌上的文章，講到一個失明的年輕人。他經歷了一段極為痛苦和憂鬱的日子。這個年輕人寫道，他變得十分沮喪，以至於一個非常關心他的朋友對他說句眞心話：「你只是需要想通就好了。」

讀到這裡，我停下來想：「沒錯，這聽起來就像我事故後的狀況。」然而，文章接著寫，這個朋友提出一些實用的建議。他對這個失明的年輕人說：「我要你列出所有你現在還能做的事。」

「我還有什麼事可以列呢？」盲人生氣的問。

「就當是為我做吧！你顯然不能寫，但可以找一部錄音機錄下來。只要把你還能做的事情列出來就行了。我說的是一些簡單的事，例如『我還可以聞花香』。這個清單，你列得越多越好。等你列完，我想聽一聽。」

這位盲人終於同意了，並且列出清單。我不知道當中隔了多久的時間，不過當他的朋友再來看他時，這位失明的年輕人面帶微笑，非常的平靜。

「你的精神看起來比上一次我來的時候好多了。」他的朋友說。

「是的，的確好多了。這是因爲我一直在列這張清單。」

「你列了多少件事？」

「到現在爲止，大約有一千件。」

「那太棒了。」

「其中的一些事非常簡單。這上面沒有一件是重大的事，但還是有幾千件，是我現在仍然可以做的。」

這位失明的年輕人徹底改變了。他的朋友不禁問他：「告訴我，是什麼改變了你？」

「我決定去做所有我能做的事。當我想到有越多的事情可做，我發現限制就越少。我可以做超過一千件事——在我餘下的人生中，我要去做這些事。」

讀了這篇文章，我想：「**這正是我需要的——不悲哀、不頹廢、不去回想從前的生活，不去想我從前能做什麼而現在不能做什麼。相反的，我要去發現我現在能做什麼，不僅要爲此慶賀，還要認知到我並非無助。**」

隨著我繼續思索這個道理，我發現我能做的事遠比我想像中的還要多。我一直太在意自己失去的東西，以至於忘了我還擁有什麼。而且我也意識到，有一些可實現的機會，如果不是因爲這次事故，我是永遠不可能去嘗試的。

在文章中，年輕人還說了一句這樣的話：「我不要為我不能做的事憂慮，我只要去做那些我能做的事。」這句話聽起來很簡單。

我在最需要的時候讀了這篇文章。在我看來，這句話極其深刻。上帝在我需要的時候，把我需要的訊息帶給我。這也是我人生中最震撼的時刻之一。正是在這些時刻，我對自己說：「我決定要繼續活下去，無論我還擁有什麼，我都要好好利用，發揮它最大的價值。」

「我的時間不多了，」我想：「但其實每個人都一樣。」我覺得我比一般人更在意時間，原因有兩個：第一、因為整件事故，我少了生活中的一大片段。第二、我了解到我們在地上的時間原本就不多。正如許多詩歌所唱的，我們的一生如同匆匆而過的客旅。我們讀了《聖經》等書籍，都明白這個道理，但是到這個時刻，我才真正覺醒過來。

我也知道，我所愛的人正在天堂門口等著我。有時候我迫不及待的想要回到那裡。

但我也意識到，我必須等待，等上帝帶我回去。

在住院期間，南園浸信會的會友幫我們搬了家。事故之前，我們一直住在一個叫法蘭伍德（Friendswood）的城鎮，離教會大約十英里。我們想住得離教會近一點，但沒有找到地方。在我住院期間，教會領袖團隊找到一間房子，租了下來，爲我們整理並布置好傢俱，還幫我們搬家。出院後，我來到一間從未見過的房子。救護車倒車停下後，把我從輪床卸到家裡的病床上，這是我第一次打量我們的房子。

我很快就適應了新的生活環境，因爲有很長一段時間，我只能看見客廳。病床就放在那裡。

在某些方面，搬入新租的房子後，我的家人遇到的困難比我更多。我感覺到我的妻子在經歷我重創的過程中所遭遇的一些調整和困難。伊娃差點失去她的工作，她花了大量的時間來陪伴我，把所有的事假、休假和病假都用完了。有老師把自己的病假讓給伊娃，好讓她可以到醫院來陪我。到後來，這些別人轉讓的病假也用完了，伊娃不得不回去工作。她是我們家主要的經濟來源。

伊娃在埃爾溫的羅・路易・史蒂文森的同事常常替她批改作業，編寫教案，還替她代課，好讓她能提前下班，到醫院來看我。和她共事的老師甚至每天爲我的孩子製作小禮物，好讓他們每天都有一個期盼。他們稱這些禮物是「驚喜盒」。學校的老師還跟教會會友一起到我家來幫忙打掃房子，準備便當。要不是老師和教會的幫忙，伊娃肯定會失去工作，我也會失去工作。他們的熱心奉獻和幫助是超乎想像的。儘管如此，伊娃和我們的孩子能度過一九八九年的那個春天，仍然是一個奇蹟。

有一次，伊娃去詢問我的病情展望。有一位護士告訴她：「親愛的，妳不需要知道一切。妳只是一個妻子。」

在那位護士眼中，伊娃「只是一個妻子」。但是，在我出事後，伊娃擔當了原屬於我們兩個人的責任。在事故發生之前，家裡的帳單、銀行帳戶、保險和多數家事，都是由我在管理。事故發生後，伊娃沒有選擇，只能一個人扛起來，結果她做得很棒。伊娃找到了力量和新的信心。上帝賜給她智慧，幫助她管理家事。在我漫長的康復期間，她還學會聽我抱怨和發牢騷，保持冷靜。

教會沒有停發我的薪水，但是我們知道，他們有可能會停止支付，況且他們有權這樣做，因爲我沒有去工作。我們從沒談到錢的問題，然而這個問題一直懸在我們心上。

法院判定德州州政府在事故中有過失，並規定他們的賠償金額爲二十五萬美元。這些錢都付了醫院的帳單，但仍有不足。

最諷刺的是，由於被告人，也就是那位撞上我的卡車駕駛，是一個身無分文的監獄受刑人，所以德州司法部負責爲他辯護。換言之，我納的稅反而被用在爲州政府和肇事者辯護。人生有時未免也太奇怪了吧。

在我住院的一百零五天裡，伊娃承受了巨大的壓力。她承擔了家中一切的責任。每天早晨六點，伊娃就得起床打點所有的家務，然後趕到學校去上班。學校一下課，她立刻趕回我的病床邊，陪伴我到十點半，每晚都是如此。日復一日，每天都這麼緊張。

伊娃還獨自完成了一件最具挑戰的事。她要買一部箱型車，來代替我那部被撞爛的車。那時，我已經在家裡，可以走路了，但仍然戴著伊理扎諾夫支架。這表示，如果我要去任何地方，都必須有一部箱型車來載我。我們不知道還需要多少時間，我才能像正常人一樣，坐在一部普通的四門轎車裡。

伊娃從來沒有自己去買過車，但她沒有抱怨。她去找經銷商，試開了一部箱型車，挑了挑，就開回家來了。「這是我們的箱型車。」她說。

我以伊娃為傲——並且深覺感恩。

就是這部箱型車，讓我重新學會開車。有一天，我的家人正在洗車，我走出屋子，腿上仍然戴著伊理扎諾夫支架。我繞著箱型車，緩緩踱著步，看到駕駛座的門開著。我仔細打量裡面，算計著怎樣才能戴著身上三十磅重的不鏽鋼架，坐在方向盤後面。趁著家人不注意，我慢慢的挪到駕駛座上，發動了引擎。家人們嚇得目瞪口呆。

伊娃跑到門邊，問我：「你在幹什麼？」

我笑著說：「我要開車。」

伊娃不敢相信，結巴的說：「可是你不能開車啊。」

然而，直覺告訴我，我已經將近一年沒有開車，上一次開車導致我遇難身亡，如果我現在不學習開車，我永遠也不會再操縱方向盤自己開車了。

我慢慢的倒車出去，繞著房子開了一圈。這段路並不長，卻是我康復過程中的另一個里程碑。目前爲止，我還是不太喜歡十八輪大卡車和長長的雙線道橋梁，但是我已經可以開車去我想去的地方了。

當然，去見預約的醫師和一週兩次準時到醫師辦公室複診的責任，全都落在伊娃身上。我還必須承認，我不是一個容易照顧的人。事實上，我很麻煩。隨著我的健康有所好轉，我變得苛刻且不耐煩（我自己並沒有意識到），伊娃爲了讓我高興而傷透了腦筋，不過她做得很好。

事實上，我還是不高興。我的很多問題，都是出於我感到自己全然無助。有很長一段時間，我甚至不能爲自己倒一杯水。即使能夠，沒有別人的幫助我也喝不到。就連這種最小的事，都讓我覺得自己很沒用。

很多時候，伊娃得在無法和我商量的情況下，立即做出決定。她盡了自己最大的努力。有時，當伊娃述說她的決定時，我會立刻告訴她，要是換了我會怎麼做。幾乎在那同時，我意識到我傷了她，但話已說出口了。這時我會提醒自己，也告訴伊娃：「我很抱歉，妳已經盡力了。」我也提醒自己，無論我會採用什麼方法，我其實是沒有能力去做的。

在那段期間，伊娃很少說什麼。後來，她允許我閱讀她的日記。其中一行寫著：「唐會挑剔我做的每一件事。他一定是越來越好了。」

這眞是令我啼笑皆非。伊娃知道我正在康復，因爲我開始掌控一些事情了。伊娃從我參與事物的渴望來衡量我的康復程度。我似乎想要更投入生活事務中，並且過問事情的進展。

我多麼希望自己是一個容易照顧的病患，好讓伊娃少操一些心。

對我的家人來說，在我復原期間最糟糕的事，是我們必須託別人照顧三個孩子。他們不是孤兒，卻和別的家庭一起住了六個月。我們的兩個雙胞胎兒子，和伊娃在路易斯安納州的父母住在一起。我知道他們並不喜歡搬到那麼遠的地方。遙遠的距離使兩個男孩覺得他們被隔離了，不過他們適應得很好。當時他們還在讀小學。在那個年紀，搬家應該還不算是太困難。妮可比他們大五歲，當時已經十三歲。她搬去同學家住，以便能留在原來的中學就讀。對妮可來說，搬去別的地方住，一定比兩個弟弟要痛苦得多。

事故發生在一月。直到六月，孩子們才回到自己的家，不再寄人籬下。我常常爲了不能照顧自己的孩子而難過。

住院期間，孩子們每逢週末就來看我。這對他們來說並不容易。在他們第一次到醫院來看我時，有一位心理醫師做了一件好事。他帶領三個孩子到一個房間，向他們展示一個真人大小的人體模型，模型上戴著各種儀器，就像我身上戴的一樣。他用這種方法向他們說明，當他們踏進我的病房時，將會看見怎樣的情景。

我很高興這位心理醫師做了這件好事。因爲連許多成人，在沒有心理準備的情況下，看見我的時候都明顯流露出震驚的神情。在我看來，他們的回應是一種恐懼。

當孩子們第一次走進我的病房，他們三個走到最靠近我的地方擁抱我。他們愛我，他們想要知道我很好，我沒事。當然，那時的我只能算勉強活著，但能夠看見孩子們，仍然帶給我很大的助益。醫護人員沒讓他們待很久。儘管我看起來很糟糕，但是我對孩子們說，我會好起來的。他們都相信我。

孩子們離開後，伊娃回到加護病房。我不記得以下這件事——那段日子，我能記住的事情實在不多。伊娃說，我透過氧氣面罩看著她說：「我們有三個世界上最好的孩子。」

我從未感覺到，我的孩子覺得自己失去了什麼，但有時我覺得，他們失去了與一個正常父親生活的權利。

當我終於出院並且能開始行走後，我記得我曾試著和兩個男孩玩棒球，儘管我知道我頂多只能走一、兩步路。如果他們有誰擊出一顆球，超出我能活動的範圍，我就追不上了。爲此，他們一定覺得很難過。

當我發現我身體上的限制使他們無法盡情享受玩棒球的樂趣，就決定不和他們玩了。雖然他們沒有說什麼，但我知道他們不想看到我努力奔跑，甚至冒著摔倒的危險——我確實摔倒過很多次。

兩個男孩也都喜歡衝浪。事故發生前，我常帶他們一起去衝浪。當我後來能走路和駕車後，有幾次我讓他們帶著衝浪板，開箱型車載他們到海灣。但是我不能和他們一起衝浪，只能在一旁觀看。他們似乎都能理解，但我仍然很難過。

我毫不懷疑兒子們有一些想做的事，但他們從不提起。他們擔心令我爲難，因爲我得決定是否要爲了做這些事而冒著受傷的危險。所以，我確實覺得，我的兩個兒子在他們成長的歲月裡，失去了許多一般男孩應有的童年。

至於妮可，身爲女孩，她有一種「戀父情結」。她排行老大，表達情感的方式與她的弟弟喬很不一樣，喬是情感豐富的人。克理斯則是外表冷靜，內心敏感，不像他的雙胞胎兄弟，輕易流露自己的情感。

在我寫這本書時，我要孩子們告訴我，這次事故對他們及我們的家庭有什麼影響，以及事故如何改變他們對我的看法。一九八九年事故發生時，妮可十三歲，這是她的感想：

這次事故對我人生最大的影響，就是我得離開我的父母幾個月。那段時間，我和教會的莫丁一家人住在一起。這次事故使我學會欣賞自己的家人。我和家人的關係非常親密，因爲我知道我屬於這個美好的家庭，是多麼幸運的一件事。我還覺得，現在我能幫助身處困境的人，是因爲我在小時候就學會如何靠著禱告和朋友，幫我度過難關。這次事故使我從不同的角度看待生命，使我在年輕時就已意識到生命是何等寶貴，所以我們必須珍惜每一刻。

這次事故也使我們的家庭關係變得非常緊密，我覺得我們眞的會彼此照顧，並且願意爲彼此做任何事。我和兩個弟弟有一種特殊的關係，這種關係在一般兄弟姊妹之間是不太常看到的。爸爸的意外和他的康復，讓我們學會隨時願意幫助彼此。媽媽變得更加堅強獨立，因爲爸爸不能料理自己從前一直負責的事。要是爸爸不用經歷這一切，我們的家庭就能如此親密無間，那該有多好啊。

當爸爸受重傷後，我第一次發現，原來他也是會受傷的。在事故發生之前，爸爸似乎是一個永不倒下的人。後來我又發現，爸爸經過這次事故變得更加堅強。他的身體是受了創傷，但他是我所認識的人當中，在靈性和感情上最堅強的一個人。經歷了這一切，他仍然是上帝忠心的僕人，充滿愛心，這令我感到驚異。

有很長的一段時間，我爲這次事故感到憤怒。但是當我長大後，我體會到我們仍然擁有父親，並且這次事故使我們的關係更加緊密，這是多麼幸運！如果爸爸在那次事故中死去，我不知道自己該如何度過我人生中這最艱難的時刻。像爸爸這樣，曾經去過天堂，又經歷過無數次手術，還能活著講述自己的故事，有這樣一個人給你忠告，對你是有特殊意義的。現在，我比以前更用心聽爸爸的話。

事故發生那年，喬八歲。這是他的感想：

我記得的第一件事，是我媽媽的朋友，一位老師來接我。當我看到媽媽在哭，我知道有不幸的事情發生了。

我記得去醫院探望爸爸時，他們給我看一個模型，做得好像爸爸受傷的樣子，好讓我們進入病房時心理有準備。看到爸爸受傷的模樣，我眞的很難受。那天，我們沒有待很久。對我來說，這是一件好事，因爲我不願意看見爸爸那樣。克理斯和我不得不搬到路易斯安納州，和外公外婆住在一起。剛開始我還覺得挺棒的，但很快我就開始想家了。我眞的很高興能和我的雙胞胎弟弟在一起。每個週末，我們從波西爾城（Bossier City）坐車到休士頓，可是我們很快就厭倦了。

關於這次事故，最糟糕的就是，當別的孩子和他們的爸爸去露營和釣魚的時候，我從來沒有這樣的經歷。直到今天，我還時常想到這件事。有時，我感到憤怒，有一種被欺騙和沮喪的感覺。不過，近幾年，我已經能和爸爸一起去露營和釣魚了。我不曉得他是否知道這讓我有多高興。經過這次事故，我也發現有那麼多人在關心愛護我們的家庭。如果不是因爲我們生命中有上帝，我不知道我們該如何度過這一切。

以下是克理斯的感想：

在你八歲的時候，你的父親是一位超級英雄。他是戰無不勝的。當我第一次聽到爸爸發生意外時，我並沒想到結果會那麼嚴重。當媽媽告訴我這個消息時，她非常傷心，無法忍住眼淚。但是爸爸很堅強，我從來沒有看過他哭。即使我看見他在加護病房，四周全是監控儀器，頭頂上吊著氧氣瓶，幾乎不能說話，我仍以爲過一個星期他就能回家了。

大多數重要的手術，我都不在場。事故發生幾天後，我就搬到外公外婆家住，只有週末才去探望爸爸。在那些短暫的會面中，我開始明白他傷得有多重——包括他的身體和心靈。

我對戴在爸爸左臂和腿上的金屬架很著迷，但我知道它們帶給他巨大的痛苦。他看上去是那麼疲憊不堪，總像是剛剛醒來一樣，或許他從未好好的睡過覺。有時，我覺得他不想讓我或任何人待在房間裡。雖然我對憂鬱症知道的很少，但我知道爸爸正受到憂鬱症的折磨。

每次我去探望他，我做的第一件事就是慢慢的靠近他，把我的手臂環繞在他身上。我會很溫柔的擁抱他。這是我生平第一次看到爸爸如此脆弱。即使在他出院回家後，我仍然繼續每天做同樣的事——放學回家，擁抱爸爸。這不僅是在安慰他，也是讓我自己放心。我希望這兩個目的都達到了。

隨著哥哥喬和我漸漸長大，還有爸爸不斷的康復，我們對運動和戶外活動更感興趣。爸爸會盡全力和我們一起玩耍。我記得我曾把橄欖球拋得太遠，爸爸接不到。那時我覺得很難過。他跌跌撞撞的，有時還會摔倒。好幾次，我強忍著自己的眼淚，我相信他也一樣。但是在情感上，爸爸隨時都會支持我們。他對孩子所做的事情特別感興趣。畢竟，我想，從某些方面來說，我們值得他從天堂裡回來。

因著爸爸的意外，我們家變得更加親密。出於現實的需要，我們都承擔起各自的職責。在爸爸康復期間，媽媽成了決策者和管理者。我盡力做好家中男主人的角色。有時，我的確會有點霸道，但我慢慢學會不要那樣。我學會依靠別人，也讓別人依靠我。妮可也盡全力照顧喬和我。

在事故後的幾年，爸爸一直受憂鬱症的折磨——現在還是有一點。也許在事故發生之前，他已與憂鬱症纏鬥過。如果眞是那樣的話，我並沒有注意到。爸爸的個性極爲獨立，他很少讓家人了解他最陰暗的角落，我想這方面我也像他。

這是伊娃的感想，講述這次事故如何改變了她對我的看法：

車禍發生後的最初幾天，唐的消極和沮喪讓我非常驚訝。他向來是一個勇士，總是督促自己和別人做更多的事。當唐不願主動呼吸時，我覺得他幾乎像是變了一個人。憂鬱症也是一個新的狀況。我學會辨識「低谷期」來臨前的各種徵兆。疼痛加劇時，情況就更糟。唐不能睡覺，壓力也加增。

經過這麼多年，我已經學會，如果我任由唐自然發展，不去管他，他最終還是會穩定下來。每當我想告訴唐一些他需要知道，但又不知道的事，我必須努力忍住不說出來——不過有幾次，我還是忍不住說了。

如今，我並不把唐看成一個受傷的人，儘管我明白他是受了傷，並且永遠會如此。唐的進展如此之快，我很容易就忘卻他曾受過的傷和生理上的障礙。我的丈夫確實是個了不起的人。

對於我的康復，孩子們可能比我更有信心。他們從未目睹我接受治療，痛得打滾，或病得嘔吐不止的樣子，也沒有看過我急著想站起來的樣子。我們盡可能的保護他們，不讓他們看見太壞的景象。伊娃目睹過我最糟糕的時刻，但她盡可能保護孩子們，免受我病痛的影響。

儘管孩子們不承認，但他們心理上還是可能有一段「父親空窗期」，尤其是雙胞胎兄弟。因爲那時他們只有八歲，需要我在那段重要的成長期幫助他們學習很多事，比如團隊運動和露營。

回顧過去，我認爲這次事故對我父母造成的永久影響，超過對任何人。事實上，他們爲此已經心力交瘁。我是他們三個兒子中的長子，我們三個孩子向來都很健康。我突然在三十八歲時遭遇這場車禍，讓他們憂心不已，卻無法替我做任何事。有很長一段時間，他們以爲我凶多吉少。

我的父親是一位職業軍人，因此我的母親得學會管理和應付一切事情。可是，在我住院的第一個星期，他們來看我時，我母親還是昏了過去。父親摟著她走出病房。她還沒有心理準備，看見我如此可怕的模樣。我想任誰都不會有這種心理準備的。

到現在，我都不敢確定母親是否已完全從這次事故中恢復過來。不過，有兩件非常美好的往事，讓我感受到父母對我深深的疼愛。

第一件事，在事故發生後的那個夏天，伊娃似乎嫌自己的事情還不夠多，她決定要帶南園浸信會的青少年去夏令營。這本來是我的工作，如果我身體允許的話。但是伊娃對這件事興致勃勃，而這意味著，得有人在伊娃出門的期間來陪我。

我母親非常爽快的答應來照顧我。到了教會青少年營的那個星期，伊娃留下我和母親在一起。每天，母親都爲我作菜，我很高興她來陪我。不過有一件日常瑣事令我忐忑不安——我母親得幫我倒尿壺和便盆。我知道當我還是嬰孩時，她曾爲我換尿布，爲我撲爽身粉，可是那已經是很久以前的事了。

我記得第一次在母親的幫助下大小便。我向她要便盆。母親遞給我，彷彿這是一件最自然不過的事。當我完成後，我困擾了很久，不知該怎麼告訴她。

母親解除了我的尷尬。她問我好了沒有，我點了點頭。她把便盆拿進浴室。接著我聽到一個聲音，這是我一生中聽到最美好的聲音之一。母親走進浴室，沖洗便盆，我聽見她在唱歌。在照顧別人的事上，這可是最卑賤的事，然而母親卻一邊洗便盆，一邊唱著歌，似乎她所有的母性都在那個時候得到了成全。她開始重新照顧她的兒子，完成她兒子不能靠自己做的事。母親高興又滿足於自己能夠做這件事。我會珍惜這個時刻，因爲它代表了只有母親才能給予的至愛。

第二件事，我記得我和父親有過一次單獨相處的機會，同樣的激動人心，難以忘懷。有一天，我父母開了兩百五十英里的車，在下午來到聖路加醫院看我。之後，他們準備動身，返回他們在波西爾城附近的家。

不知什麼緣故，我記不清了，母親先走出病房，只剩下父親一個人。只見他走到我床邊，牽起我身上唯一完好的肢體——我的右手，放在他粗糙多繭的手掌中。他貼近我，以無比的感情和無限的眞誠對我說：「我願意付一切代價，代替你承受這一切。」

這就是我的父親。聽了他的話，我比任何時候都更深的體會到，他是多麼愛我。

醫生再三告誡我：「我們爲你所做的一切，都已經盡了全力。不要指望你會活很久，也不要指望你這輩子會有很大的斬獲。因爲面對關節炎和許多可能發生的併發症，你必須堅忍的奮鬥，甚至想保持目前的狀態都是艱難的。」

醫生說的完全沒錯。從事故發生到現在，已經十五年了。

我已經感受到早期關節炎的症狀。氣候的變化會影響我。我很容易感到疲勞。也許年齡是一個原因，但我認爲這是因爲我無法按上帝最初的設計來使用我的腿和膝蓋的結果。

現在，我的左膝仍然處於伸展過度的狀態，如果有人從我身後走過來，無心的重拍我的背，我就得穩住自己，不然就會向前撲倒。我無法穩住自己的膝蓋，所以很容易失去平衡，向前傾倒。

我試著不去在意這個缺陷，常常自己打趣說：「在德州一些最美好的地方，我都摔過跤。」或者說：「我想做一些小紀念碑，上面寫著『唐・派普曾在此跌倒』。」

有一次，我在德州的山區帶領一個室外研討會。路面凹凸不平，我走著走著，突然間就摔倒了。雖然沒有受傷，但第一天我竟摔倒了三次。

儘管醫生盡了一切的努力，我的一條腿還是比另一條腿短了一英寸半。因爲這樣，我的脊椎骨扭曲了，而且已開始有損傷的徵兆。此外我髖部的關節也有損傷。我的左手肘受傷過重，至今無法伸直。醫生盡了一切的努力，包括對我的左手肘動了若干次手術。我的手肘內部粉碎了，就算醫生把骨頭拼接起來，還是無法伸直。套句醫生的話：「這是一個畸形的關節。」

醫生說，這樣的創傷是無法挽回的。一旦受傷，就很難完全恢復。

這也是我新的「正常」生活的一部分。

✦

有一次，我去拜訪湯姆．格雷德醫師。他邀我到他的辦公室。儘管他很忙，但我覺得他的確對我很感興趣。我們聊了很多。

我一時興起，就問他：「湯姆，在事故發生那天晚上，當他們送我到醫院，我的情況究竟有多糟？」

湯姆沒有迴避這個問題。「我見過更糟的，」他停頓了片刻，從桌上靠過來，繼續說：「但是他們沒有一個活下來。」

我必須學習用不同的模式來做事。然而，我還活著，而只要我活著，我就要事奉耶穌基督。況且，我已經知道前面等著我的是什麼。我已經準備好，隨時隨地都可以離開這個世界。

我發現我能做的事遠比我想像中的還要多。我一直太在意自己失去的東西，以至於忘了我還擁有什麼。而且我也意識到，有一些可實現的機會，如果不是因為這次事故，我是永遠不可能去嘗試的。

15. 觸摸生命

願頌讚歸與我們的主耶穌基督的父　神，就是發慈悲的父，賜各樣安慰的　神。我們在一切患難中，他就安慰我們，叫我們能用上帝所賜的安慰去安慰那遭各樣患難的人。

《聖經》哥林多後書1：3－4

有時，我仍然會問上帝，爲什麼不讓我留在天堂？我得不到答案，但我知道，上帝把一些人帶進我的生命中。這些人需要我，或需要聽見我講的信息，讓我得以接觸他們的生命。

剛開始，在一次分享這次事故的經歷來服事別人的機會中，我被邀請到一間大型教會擔任講員。他們特別邀請我來講述我的天堂之旅。當我開始分享不久，有一位坐在我左邊靠近前排的女士就哭了起來。我可以看見眼淚順著她的兩頰落下。聚會一結束，她就跑到我面前，跟我握手。

「我的母親上個星期剛去世。」

「我很遺憾妳失去了母親——」

「不，不，你不明白。今晚，是上帝差遣你到這裡來。我需要這樣的確據。不是我不相信——我相信，但是因爲失去了母親，我的心非常沉重。現在我覺得好多了。她現在確實在一個更美好的地方。哦，派普牧師，這正是我今晚需要聽到的信息。」

我還來不及說什麼話，她就擁抱了我，又說：「今晚也是上帝帶我來的，因爲我需要這個確據。不是我不相信，也並非我不知道——我是一個基督徒，我母親也是基督徒——但我需要在今晚聽到這些話。我需要有一位去過天堂的人，來告訴我關於天堂的事。」

在我記憶中，她是第一個對我說這種話的人，但絕對不是最後一個。後來，我聽到不下幾百次這樣的回應。直到今天，我仍然感到很驚訝，僅僅是分享我的經歷，竟然可以成爲那麼多人的祝福。

對於已經相信的人，我的見證是一個確據。對於心存懷疑的人，我的經歷打開了他們的心，促使他們更加認眞的思考上帝。

事故發生的兩年後，我帶領一群年輕人到休士頓第一浸信會參加一次大型聚會。那時我仍然戴著腿環，拄著拐杖走路。大會的講員是道森・麥阿利特（Dawson McAllister）。他是一位傑出的青少年老師。道森很受歡迎，他的聚會總是坐滿了人。

我們離開南園浸信會的時間遲了，和年輕人一起做事常有這種情況。我沒說什麼，但因爲耽誤了時間，心裡有一些煩躁。我原想早一點到會場，因爲我知道如果不能在聚會前至少一個小時到達，最好的座位就會被別人占走。

我試著不讓自己的焦慮顯露出來，可是當我們抵達休士頓第一浸信會時，我還是很沮喪。正如我所預料的，我們一走進寬敞的會堂，就發現一樓的座位都坐滿了。我們只能坐到樓上去。

想到要多走一段路，我不禁抱怨起來。雖然我已經可以走動，但是腿上的鋼環和腋下拐杖的壓力，使我備感疲累。更糟糕的是，電梯居然壞了。「要不是那個人遲到的話……」我不斷的想：「我根本用不著一瘸一拐的爬這些階梯。」

好不容易上樓一看，座位也幾乎都坐滿了，只有最上面幾排還有空位。這群年輕人本能的向上跑去，要搶位子。他們答應在上面幫我留一個位子。我忍著疼痛，走到上面，足足走了一百五十階。

當我終於走到最上面的座位，已經精疲力竭。我勉強走完最後一程，穿過觀眾席的後面，來到孩子們爲我保留的座位。在坐下之前，我先靠在牆上，休息了一會兒，因爲坐下來也得費上很大的力氣。我一邊喘著氣，一邊問我自己：「我究竟來這裡幹什麼？」

我本來可以請其他成年人來帶領這群孩子，但我就是很想和他們在一起。我想要重新體會自己是一個有用的人。我也知道，對孩子們來說，這是一件很令人興奮的事，因此我很想參與。歡樂的笑聲和叫喊聲此起彼落，充滿了整個會場。這群年輕人到這裡來蒙受祝福，也接受挑戰。然而在那個當下，我沒有想到這些孩子，也沒有想到他們可以從大會中得著什麼收穫。我只想到自己已經精疲力竭。

那一刻，自憐的情緒淹沒了我。我繼續靠在牆上，掃視著觀眾席。越過兩個觀眾區，我看到有一個十幾歲的男孩坐在輪椅上，頭埋在手裡，背對著我。我看著他，清楚的感受到我該過去和他談一談。突然間，我不再對自己來這兒的目的有什麼懷疑，也忘記了我的疲累。

我把拐杖靠在牆上，然後慢慢的，忍著疼痛，走向男孩的方向，走下台階。他是一個身材高碩、外表英俊的孩子，大約有十六歲。當我走近他時，我才發現為什麼我需要和他談話。他戴著一個伊理扎諾夫支架——從我剛才站的地方是看不到的。我的疲累頓時消失了，我的憤怒和自憐也不見了。我彷彿看見自己坐在輪椅上，重新經歷那些日子所有的痛苦。

男孩沒有看見我。我把手放在他肩上，他迅速轉過頭，兩眼瞪著我。

「戴這個矯正器很痛，對嗎？」我問。

他看著我，似乎在說：「你是傻瓜嗎？」然而他回答道：「是啊，很痛。」

「我知道。」我拍拍他的肩膀。「相信我，我知道。」

他瞪大了眼睛。「你眞的知道？」

「眞的。我也曾經戴過一個。」

「太痛苦了。」

「我知道，的確非常痛苦。我的左腿曾經戴了十一個月的固定矯正架。」

「沒有人能理解。」他悲哀的說。

「他們不能理解。你說了也沒用，沒有人能理解你的痛苦。」

我第一次從他眼中看到了一些東西。也許是希望，也許只是一種平安，經過那麼長時間，他現在終於找到一個人，能夠理解他正在經歷的事。我們的內心相遇了。我感到很榮幸可以站在他旁邊。

「我叫唐。」我說：「你現在終於遇到一個人，可以理解你經歷的痛苦和挫折。」

他注視著我，然後他的眼睛濕潤了。「我不知道我能不能熬過這一切。」

「你會熬過去的。相信我，你會熬過去的。」

「或許吧。」他說。

「你出了什麼事？」那時，我意識到這個男孩也不是主動接受矯正手術的。

「我在滑雪時出了意外。」

我注意到他穿了一件帶有獲獎字母的夾克衫。於是我問：「你是橄欖球運動員嗎？」

「是的，先生。」

我簡單向他述說了我的事故，他也告訴我更多關於他的事。「我要告訴你一件事，」我說：「有一天，你會重新走路。」

他的臉上露出懷疑的神色。

「也許你無法再打橄欖球，但你可以走路。」我把自己的名片遞給他。「名片上有我的電話號碼。你可以隨時打電話給我，無論白天晚上，二十四小時都可以。」

他接過名片，仔細看著。

「我現在要走到上面，回到我帶的孩子們那裡。」我指指孩子們坐的地方。「我要你看著我。當你看著我的時候，我要讓你知道，有一天，你也可以像我一樣走路。」我笑著說：「而且我預估你會走得比我更好。」

他伸手拉住我，擁抱我。他抱了我很長的時間。我可以感覺到他強忍住眼淚時哽咽的抽泣。終於，他放開我，喃喃的表達他的謝意。

「你找到了一個可以理解你的人。」我說：「記得打電話給我。」

這個男孩需要有人理解他。我知道我能給他的不多，但我有自己的經歷，我可以和他談論痛苦。假如我沒有過親身經歷，我就只能對他說：「我希望你覺得好受一些。你會好起來的。」——大多數人都會說這樣的好話。

當我走到最上面一排時，我已經用盡一切力氣，整個人都被汗水濕透了，但我並不在意。我轉過身，男孩仍然在看著我。我一邊微笑，一邊向他揮手。他也向我揮手。沮喪和絕望從他臉上消失了。

在後來的六個月裡，我接過他三次電話。其中有兩次電話只是聊天，還有一次是在深夜，當時他非常沮喪。我永遠都會珍惜這些對話。我們同樣在痛苦中掙扎前行，這是同路人之間的對話。

有一次，休士頓一家電視台安排我參加一個現場直播的訪談節目。當我在電視台休息室等候時，製作人走進來，向我解釋節目的流程和一些我可能會被問到的問題。

「好的，」我說：「還有哪位來賓參加這個節目呢？」

「就是你了。」

「等一等。你們要做一小時的節目，難道就只有我一個來賓嗎？」

「沒錯。」

我開始思索這一個小時我該說些什麼。當時我正處於康復初期，我沒有把握人們對我的故事到底有多少興趣。那時，醫生已經拆除了伊理扎諾夫支架，我只戴著腿環，拄著拐杖。我帶去了一些我在醫院裡的照片，他們在電視中播出了。我還把伊理扎諾夫支架也帶去了。

節目訪問一開始，我先講述了自己的故事，然後主持人向我提問。一個小時很快就過去了。當我們還在節目現場時，有一位女士打電話到電視台，堅持要求：「我需要馬上和派普牧師談一談。」

電視台不能中斷現場節目，但節目一結束，就有人遞給我一張紙條，上面是這位女士的電話號碼。我撥通了她的電話。

「你一定得和我弟弟談一談。」她說。

「他出了什麼事？」

他在酒吧裡和人打架。有人拔出一把獵槍，打爛了他的腿。他現在也戴著一個固定支架，和你腿上曾經戴過的一樣。」

「我當然願意和他談話。」我說：「他在哪裡？」

「他在家裡，躺在床上。」

「把地址告訴我，我會去看他——」

「哦，不，你不能去。他現在很憤怒，對人很凶，而且他有暴力傾向。他不會和任何去看他的人說話。」這位女士把她弟弟的電話號碼告訴我。「請你先打電話給他，不過他現在脾氣不好，我保證他會咒罵你的。」接著她又說：「也可能他會馬上把電話掛了，但無論如何，請你試一下吧，眞的拜託你了。」

一回到家，我就打電話給這位女士的弟弟，並且介紹我自己。還沒等我說到三句話，他就朝我吼了起來，和他姊姊預料的絲毫不差。他大喊大叫，用盡我平生聽過的所有咒罵的話，並且一再的重複。

當他終於停下來後，我平靜的說：「你腿上戴的那個東西，我也曾經戴過，就是那個固定支架。」

他沉默了幾秒鐘，於是我說：「我的左腿曾經戴過伊理扎諾夫支架，我理解你現在所受的苦。」

「哦，這該死的東西，它眞是要我的命，沒有不痛的時候，簡直是——」他再次爆發出來，似乎沒有聽到我的話一樣，用很多粗魯猥褻的話發洩他的憤怒。

當他再次停頓時，我說：「我理解你戴固定矯正器的感受。」

「你現在不戴了嗎？」

「不戴了，我終於擺脫它了。如果你照醫生吩咐的去做，有一天，你也會脫掉它的。」我的話聽起來沒什麼分量，但這是我唯一想到能說的了。

「如果我有一把扳手，我現在就會把它拆下來。」

「如果你把它拆下來，你等於把自己的腿也卸下來了，因爲這是唯一能固定你腿部骨骼不脫落的器械。」

「我知道，但戴著它實在痛得要命。我根本就睡不著——」接著他再次爆發，告訴我他有多麼可憐，他多麼憎恨這一切。

突然，我想到一件事，就打斷他說：「你的腿現在看起來怎麼樣？是不是在靠近針孔的地方感覺特別熱？你皮膚的上下顏色一樣嗎？是不是覺得有幾個針孔特別痛？」

「對，沒錯。特別是有一個針孔——該死的，實在痛得厲害。」

「你姊姊在嗎？」當男子說他姊姊在時，我命令他：「叫她來聽電話。」

他沒有爭辯。他的姊姊拿起電話。「謝謝你，」她說：「我非常感謝——」

「聽著，」我打斷她說：「我要妳馬上叫救護車，把妳的弟弟送到醫院，越快越好。他那條腿嚴重感染了。如果不盡快送他去醫院，他會失去那條腿的。」

「你認為是這樣嗎？」

「我肯定是這樣的，他具備所有的感染症狀。他應該也正在發燒。妳給他量過體溫了嗎？」

「對，沒錯。他是在發燒。」

「趕快送他去醫院。之後打電話給我。」

第二天，女士打電話來。「你說的沒錯，他受到感染，而且情況很嚴重。醫生給他用了所有的抗生素。他們說幸好來得及，今天他已經開始好轉了。」

「我想他應該還在隔離病房。」女士這麼說。於是我說：「我現在就過去看他。」

身為牧師，我可以到醫院去探望他。我到了醫院，和他交談，又為他禱告。後來這個年輕人歸向了耶穌基督。

假如我沒有上這個電視節目，假如他的姊姊沒有收看，那麼，他失去的可能不僅是一條腿，他極可能會喪命。上帝不僅使用我救了這個年輕人的身體，還使用我成全了祂的救恩。我開始看到，上帝留我在地上，仍然有任務要我去完成，這僅僅是其中的一件。

我能立刻覺察到這個年輕人的問題，是因爲在我住院時，我也有過同樣的經歷。我受到感染，腿疼得厲害。本來以爲那只是我在恢復期必須承受的一種痛苦，後來有一位護士發現我腿上的一個針孔受感染了。

這讓我憶起了往事。有一次，一位護士使我交叉感染到我身上的針孔。她是一位粗暴的護士，一點也不像別的護士那樣，對我表示憐憫。她進來只做她該做的事，但看她的樣子似乎很討厭爲我服務。

護士們使用棉花棒，按照規定，每清洗一個針孔，就要換一根乾淨的棉花棒。那次，我注意到那位護士沒有每次都換新的棉花棒，也許不換新棉花棒可以加快處理的速度。我當時並不在意這件事，直到針孔受到感染，我才想起來。由於那位護士的怠惰，我受了加倍的痛苦。當醫院發現我受感染，而且體溫在升高，立刻把我送進隔離病房。我在那裡足足待了兩個星期。那段時間，誰也不能來看我。

伊娃向院方表示不滿，並且告訴醫生所發生的事情。自那以後，我再也沒有見過那位護士，我不知道究竟是醫院把她解雇了，還是把她調去別的部門了。

我喜歡公開演講，不過，能在我的母校路易斯安納州立大學演講，是最令我興奮的。我和我的妻子就是在這所大學裡相識，而我們的三個孩子中，也有兩個在那裡就讀。

我曾經有好幾次爲一個校園機構演講，那就是浸信會學園事工團（the Baptist Collegiate Ministry）。當時，妮可在這所大學念書，並且在該組織中擔任同工。學園事工團邀請我去演講。我得知妮可也會出現在觀眾席上，因此備感興奮。

學園事工團贊助許多校園活動，其中一項是星期二晚上的敬拜讚美聚會，稱爲「爆破」。事工團委員會請我在會中向大家講述我的經歷。

學生們在校園裡貼滿了我的演講廣告。廣告的標題是「會說話的死人」。由於出席的人太多，事工團連著安排兩場敬拜會。在我演講時，觀眾似乎被我從死裡復活的故事吸引住了。我講了天堂，禱告得到應允，還有神蹟。我告訴他們我在車子裡和迪克．奧尼瑞克一起唱〈耶穌恩友〉的故事。

每場聚會結束後，敬拜團都帶領大家一起合唱這首意義深遠的詩歌。我不知道他們有這樣的安排。我相信是聖靈帶領他們唱這首歌。直到今天，當我聽到或唱到〈耶穌恩友〉時，我仍是百感交集。

敬拜結束後，有一大群學生等著向我提問。其中有一位美籍非裔學生，名叫沃特．福斯特。他問了許多問題，並且還留下來，傾聽其他學生的問題。當我離開會場時，沃特仍然跟著我。我並不介意，但我覺得他這樣執著的跟著我，似乎是他覺得我講的天堂情景還不夠詳細，或者他對我的經歷還沒聽夠。

幾個月後，妮可打電話給我。「你還記得沃特．福斯特嗎？」她的聲音突然中斷，開始哭起來。我才說我記得，妮可就對我說：「他……他死了。他心臟病發作，一下子就去世了。」

顯然，沃特知道自己患有嚴重的心臟病，也正在接受治療，大家都以爲他沒什麼問題。沃特的死，無疑對所有認識他的學生是一個震撼。

「二十幾歲的學生不應該死。」沃特的一個朋友說。

掛了電話，我回想起那天和沃特相遇的情景。我懷疑他已經預感自己快要死了。我這樣猜想，是因爲當我在那裡演講時，他從頭到尾跟著我，還反覆問我有關天堂的事，似乎有問不完的問題。他的問題似乎不只是出於好奇。我想，也許那時，上帝已經在爲他預備回家的旅程。

沃特的猝死震撼了他的朋友，尤其是那些和沃特一起在學園事工團事奉的學生。他們是一個非常親密的團契，現在失去了一位親愛的成員，大家都感到很悲痛。沃特去世的第二天晚上，他們在學園事工團大樓聚集——那是沃特最喜歡的地方。

當晚，在激動人心的聚會上，沃特的許多朋友詳細講述了我的天堂經歷對沃特有何等重要的意義。許多人提到，沃特曾興高采烈的把他從我這裡聽到的事告訴他們。在我演講後的幾天，他一直在談論這件事。

「派普牧師到我們學校來的那天，」一個朋友說：「好幾次，沃特對我說：『我知道，有一天我也會去天堂！』」

由於教會事務繁忙，我無法前往巴頓魯治市第一浸信會參加沃特的追思禮拜。妮可代表我們全家出席了禮拜，並在傍晚向我們回報了追思禮拜上頌念沃特一生的情況。沃特的朋友提出兩個特殊的請求，一是牧師要在禮拜上宣講福音，二是請某個人唱一首特別的詩歌。當然，這首詩歌就是〈耶穌恩友〉。觀眾知道這首歌對沃特有著特殊的意義。

妮可在路易斯安納州立大學主修音樂，也是一名出色的獨唱歌手。她爲在場的哀悼者演唱了這首詩歌。大家都極其哀痛，然而卻也充滿榮耀的盼望。很多人流下了眼淚，也有很多人露出平安的微笑。

禮拜結束後，許多學生徘徊不去，他們紛紛講述沃特對天堂堅定的信心，如何深深的安慰並鼓勵了他們。

因著我在學園事工團的見證及後來沃特的去世，還促成了一件美好的事。路易斯安納州立大學學園事工團集資奉獻建造了一座禱告園。在我看來，這件事意義非凡，因爲每次當我分享自己的故事時，我都會強調禱告的迫切與重要性。畢竟，我能夠活下來，就是因爲禱告得到了應允。

自從我發生事故並從天堂回來，上帝命定許多人的生命和我的生命相遇，沃特也是其中一個。當上帝下一次呼召我回家時，沃特也將是在天堂迎接我的人。

蘇・菲爾的前夫死於癌症。經歷了一段很長時間的折磨後，她的前夫去世了。蘇感到很失落，她以爲在餘下的人生中，她會一直守寡，但是她的鄰居查理斯使她改變了主意。查理斯也失去了配偶。蘇和查理斯不僅僅是鄰居，還因著共同的失落感，成了好朋友。漸漸的，他們互相滿足彼此的需要。這種關係只有那些愛過又失去過的人才能明白。他們的友誼逐漸發展成愛情。他們開始愼重的考慮要結婚。

對於和查理斯結婚這件事，蘇有很大的保留，因爲查理斯是來自一個蘇稱爲「粗魯野蠻」的工人街坊。查理斯曾經酗酒。蘇說她無法忍受這件事。

隨著他們愛情的日漸增長，蘇對結婚之事只提了一個要求：「我不會嫁給一個酗酒的人。」

查理斯不僅不再酗酒，現在已滴酒不沾了。就這樣，他和蘇開始計畫結婚之事。

有一次，他們談到各自的配偶去世的情況——兩個人都是死於癌症。「如果有一天我被診斷得了癌症，」查理斯說：「我就去自殺。」查理斯深知，不但生病的人要受苦，他們所愛的人也要經歷巨大的痛苦。「我不想讓任何人承受這樣的痛苦。」

他們終於結婚了，婚後生活很幸福。查理斯再也沒有喝酒。結婚之前，蘇就一直熱心參加教會的活動。結婚之後，查理斯也變得積極了。

然而，有一天，查理斯得到他最害怕的診斷結果，他眞的得了癌症。現在，他必須面對自己內心深處的恐懼。他擔心這個結果會使蘇再次面對痛苦的折磨，就像她從前經歷過的那樣。

接到診斷結果，查理斯也面對著另一種恐懼：這個消息迫使他得面對自己的死亡。「我害怕死。」他承認說。雖然查理斯是教會成員，並且說他相信耶穌，但是他和許多人一樣，懷疑自己的救恩。蘇向查理斯保證，她會盡一切努力陪他度過這次危機。但查理斯不能肯定自己是否已經得著救恩。蘇爲此感到擔心。蘇聽我講過天堂的見證好幾次，她還把我的故事講給別人聽。

「你能和查理斯聊聊嗎？」有一天，蘇問我：「他需要聽你本人講這個見證。」

當時，我已經是帕薩蒂那第一浸信會的單身牧區的牧師，也就是我今天所在的職位。蘇和我在許多事工上都有合作。

「請你和他談談救恩，也請你和他談談人死後生命的情況。我相信查理斯需要一次男人與男人之間的談話，這對他會有很大的幫助。」

我當然了解查理斯。我猜想，可能是因爲他的過去，查理斯認爲自己不配得到上帝的救恩。我同意和他談一談。

查理斯和我相處得很融洽。他是一個很棒的人，很容易相處。我決定定期去探訪他。每次我去的時候，蘇總是找藉口離開房間，直到我準備離開時才出現。

儘管查理斯的健康狀況不斷惡化，他從未流露出一丁點憤怒和沮喪的情緒。我們甚至談到倚賴別人是一件多麼難堪的事，連大小便、洗澡這麼私密的事，都需要別人來幫助。

大約在我第四次去探訪查理斯時，他終於敞開了心扉。「我很害怕。我想去天堂，但是我需要有確據——我想確定當我死的時候，我一定會去天堂。」

查理斯談起他的人生。顯然他是眞的相信上帝。只不過，查理斯和多數人的情況一樣，在和蘇結婚之前的許多年，他沒有成爲基督忠心的跟隨者。好幾次，我引用聖經經文提醒他，經文應許我們，天堂是所有相信者的最終歸宿。

「我知道，我知道，」查理斯說：「在我得救之前，我知道我不會去天堂，我會去地獄。而現在，我想確定天堂是存在的。」

我對天堂的描述鼓勵了查理斯。「對，對，這正是我想要的。」他說。

在一次探訪中，查理斯談著談著，微笑著說：「我準備好了。我很平安。我終於知道我會去天堂了。」

在最後的兩次探訪中，查理斯都對我說：「再講一遍，再講一遍天堂是怎樣的。」

儘管我要說的他都已經聽過了，我還是又說了一遍。彷彿我每描述一次天堂的經歷，他的確據就多了一點。

在查理斯去世前的一小段日子裡，蘇把查理斯送到休士頓醫療中心的安寧病房，距離我從前長期住院的病房只隔幾道門。

臨終前一天，查理斯告訴蘇：「不會有事的。我會離開痛苦，進入平安。有一天，我們還會在一起。」

蘇打電話來，告訴我查理斯的這番話。她又加上一句說：「他死的時候，完全沒有恐懼。」

在蘇努力走出悲傷和失落的過程中，查理斯鎮定的確信和坦然接納的態度，給她帶來了平安。蘇告訴我，就在查理斯去世前的幾個星期，他曾提到，聽了我的經歷，並且看見我生命中積極的光輝，他的生命改變了。「問題解決了。」查理斯說：「我會去一個更好的地方。」

蘇與我分享她對查理斯的回憶，笑著說：「我是不是很幸運？我在天上有兩個男人等著我。我的兩任丈夫都是基督裡的弟兄。有一天，當我的時候到來，他們會一邊一個挽著我，陪伴我行走在黃金的街道上。」

當我們的雙胞胎兒子喬進入青春期，我們決定爲他買一部二手車。喬想要一部小卡車。我們四處尋找，最後找到一部他喜歡的車，是一九九三年份的福特蘭治。

經銷商的名字叫蓋瑞．埃蒙斯，在我們這一帶作汽車經銷商已有很多年。我們選中喬要的卡車，就到辦公室裡去付款。埃蒙斯先生開給我們一個很優惠的價格，喬就把卡車買下來了。

因著這次經歷，蓋瑞．埃蒙斯和我們家建立了良好的關係。此後，我們又向他買了三、四部車。

蓋瑞約略知道一些我的故事，但是不清楚詳情。他是汽車經銷商，也是一位賽車手。蓋瑞似乎對我的故事很感興趣。他曾說有一天他想聽聽整個故事，但總是沒機會，不是他很忙，就是我急著要走。

有一天，喬到經銷商去付款，蓋瑞跟他打招呼。「你一定不會相信，」蓋瑞咧嘴一笑：「昨天發生了一件奇妙的事。」

「什麼事？」

「我去檢測一部我們剛買的汽車。我坐進車子，按例行程序進行測試——你知道的，打開所有的開關，看看運作是否正常——聽聽引擎的聲音是否有問題，檢查空調，還有音響是否正常。我發現卡匣座裡有一捲錄音帶，就按了『取出』按鈕。」

蓋瑞停頓一下，露出微笑。「你一定猜不到這捲錄音帶是什麼。」

「我猜不出來。」喬說。

「是你爸爸的故事。這部車是我們在拍賣會上買來的，所以找不到車主，也不能把錄音帶還回去。於是我把錄音帶拿回去聽了。聽完以後，我只能用一個詞形容——令人敬畏。」

回想起來，這的確太奇妙。蓋瑞一直想聽我的故事，但我們總是沒時間在一起。

「這種機率能有多高？我去參加汽車拍賣會，當時有幾千部車等待出售。」蓋瑞問喬：「然後我坐進一部汽車，按了一個按鈕，就聽到你爸爸的談話。」

從那之後，我想蓋瑞一定把我的故事告訴了每一個他遇到的人。

當然，這個見證很激勵我。我還聽過許多類似的故事，上帝用各種不同的方法使用我的見證。

當我在我的教會講道時，我錄製了一捲有關我在天堂經歷的錄音帶，並且複製了多份。我分發了數千捲錄音帶，我也知道人們拿了錄音帶後，又複製給他們的朋友。我還知道有一些人在短短幾個月內，就訂購了二十捲錄音帶。

這個記錄我見證的錄音帶不斷的擴散傳播。許多人聽到我的故事，又複製送給那些正在經歷肉體痛苦的人，送給那些因失去親人而感到失落的人。

我只能說，是上帝的安排讓蓋瑞．埃蒙斯得到這捲錄音帶，確保他聽到我的故事。

有一天，我走在教會的走廊時，有一位女士攔住了我。這並不稀奇。我妻子曾開玩笑說，我走二十英尺路要花上三十分鐘，因爲每個人似乎都想來問我或告訴我一些事情。我們的會友超過一萬人，我需要和很多人來往。

「噢，派普牧師，我專程來找你。我有些事想告訴你——我想你需要聽一聽。」

通常，說這話的人總會再加上一句：「聽了對你有好處。」然而，他們講的往往並不是我想聽的。當時，我身邊還有其他人在，我不知道該怎麼回應。不過這次，當我注視這位女士時，我察覺她臉上有一種急迫感和因緊張而產生的激動。我轉向其他人，問他們說：「你們介意我跟她談談嗎？」

當然，他們都很寬宏大量。

「我是一位合格護士。你不會相信發生了什麼事。」

「我經歷過許多難以置信的事。妳就說說看吧！」

「這件事發生在醫院。有一位女士的母親病得很重，進入醫院治療。她後來聽了你的錄音帶。這捲錄音帶改變了她的生命。」

我當然聽過類似的故事，但我從不介意聽到新的故事，於是我說：「妳能說得再詳細一點嗎？」

「有人把你的錄音帶送給這位母親。她不是一位基督徒，但是給她錄音帶的人希望她無論如何都要聽一聽。她的朋友曾試著和她談論上帝。他們送她聖經，各種書籍和小冊子，但這些對這位母親絲毫不起作用。她說：『我不想討論上帝、宗教或救恩。』儘管她病入膏肓，但她仍然拒絕任何關於永恆的訊息。」

這位護士停下來，拭去眼中的淚水，繼續說：「然後有人送給這位母親一捲錄音帶——就是那捲關於你經歷天堂的錄音帶——並且問她是否願意聽一下。這個朋友沒有逼她，只是隨口說了一句：『也許這捲錄音帶對妳會有幫助。它講的是一個人死亡，去了天堂，但是又活過來了。』」

護士告訴我，這位母親回答說，如果她想聽的話，她會聽的。朋友走了，錄音帶卻留在她床邊的櫃子上，她沒有聽。不久，她的健康狀況嚴重惡化，醫生告訴她女兒，她只剩下一個星期的時間了，最多也只能活兩個星期。

她的女兒是一位基督徒。她非常希望她母親能聽聽我在錄音帶中的見證。這捲錄音帶包含了兩個訊息。第一面講述了我從死裡復活過程中發生的神蹟，並講到因著禱告被應允，我活下來的故事——內容和我在這本書前半部記錄的一樣。錄音帶的第二面講述了天堂是什麼樣子。我把這個訊息稱爲「醫治心靈的創傷」。這也正是這個女兒希望她媽媽聽的部分。

但是這位母親拒絕了。「我不想聽這種東西。」她說。

日子一天一天過去，這位老婦人的情況越來越糟糕。和我談話的護士是一位基督徒，她知道她的情況很不樂觀。這位護士在和老婦人的女兒商量過後，決定自己找這位生病的老婦人討論她靈魂的問題——這是她從來沒做過的事。護士想，有時由陌生人或不太熟悉的人分享好的見證，會比家人更容易。

値班結束後，護士走進病房，問老婦人：「我能不能坐下來和妳談幾分鐘？」

奄奄一息的老婦人點點頭。

於是護士溫柔而謹慎的談起信心、上帝的平安以及耶穌基督如何改變了她的生命。

在這過程中，老婦人什麼也沒說。

然後護士提到我的錄音帶。「我聽過這捲錄音帶。我覺得妳應該會有興趣了解上面的訊息。妳想聽聽這捲錄音帶嗎？」

老婦人點點頭。於是護士把錄音帶放入放音機，然後就離開了。

第二天，這位已經奄奄一息的老婦人告訴她女兒和這位護士，她已經聽了這捲錄音帶。「我發現這個故事很有意思。我在認眞考慮是否要成爲一個基督徒。」

護士和這位女兒很高興，但她們沒有給即將去世的老婦人施加任何壓力。兩天後，這位老婦人說：「我已經成爲基督徒了。」她首先告訴她女兒，接著又告訴護士。自那以後，不論是誰到病房來看她，這位即將去世的婦人都會說：「我已經成爲基督徒了。我已經接受耶穌基督作我的救主，我要去天堂了。」

就在婦人宣布自己成爲基督徒的幾個小時之後，她的情況惡化，陷入了昏迷狀態。第二天，當這位護士來值班的時候，她得知老婦人已經在幾分鐘前去世了。

護士告訴我整個故事，接著又說：「你不會相信在她彌留時所發生的事。」

我還沒來得及問，她就說：「放音機就擺在她床邊的櫃子上。她的女兒把錄音帶第二面放入放音機，也就是你描繪天堂的那部分。她一邊聽著你描繪的天堂，一邊離開了世界。在她離開世界去見上帝之前的最後一刻，她聽到的是描繪天堂的景象。」

儘管我努力保持鎮定，淚水還是從我的眼角滲了出來。

「我想你會願意聽聽這個故事。」

「是的，」我說：「謝謝妳告訴我。這對我來說是很大的鼓勵。」

這位護士又向我旁邊的人講述同樣的故事。我感謝上帝把我帶回到地上。「哦！上帝！我眞的看到自己留在這裡的意義。謝謝你讓我聽到這個故事。」

有一次，我在休士頓南部的巧克力灣浸信會講道。他們邀請我分享我死裡復活和去天堂的經歷。

在浸信會的教會，通常他們會在客座講員上台之前，安排詩歌獨唱或一種特別的音樂。當我正在整理最後的思路時，一位女士從邊門進來唱詩，她顯然不知道我等一下要講什麼。

她的歌聲很動聽。詩歌名叫〈打破和流出〉，歌詞講的是那位為耶穌洗腳的婦女所用的香膏玉瓶。

等她坐下來之後，我起來講我的故事。我並沒有把我的信息和她的歌曲連繫起來，但我注意到有幾個人一直在向那位女士皺眉。

聚會結束後，我聽見有人對唱詩的女士說：「在唐演講前，妳唱〈打破和流出〉這首歌，挺有意思的。」他們說她唱歌「有意思」的口氣，其實是在說她唱這首歌「不是時候」。

「哦！」她說。我從她臉上那種驚恐的神情看出，她並不知道我要講的內容。顯然，她沒有想過兩者之間的關係。

我們的目光接觸在一起，她忍不住哭了起來。「對不起，對不起。」

「沒關係。」我說：「眞的，沒關係。」我邁步走開了。

「打破和流出，」有人說：「這不正是在你身上發生的事嗎？」至少有十幾個人都這樣說。還有人以爲我們是安排讓她特別唱這首歌的。

我停下來向後一看。那個唱詩的姊妹站在鋼琴旁，正哭泣著。我感到內疚，走回她身旁。「那是一首動聽的歌曲，講了一段美好的經歷。妳並不知道我要講什麼。沒有關係，因爲我想不出有比這更合適的歌了。」

她感激的笑了，再次向我致歉。「沒關係，眞的沒關係。」我向她保證。

當我起身離開時，我想到也許我算是被打破和流出來了。不過我也同時有另一個想法，並覺得莞爾：現在我又被裝回在一起了。

這個男孩需要有人理解他。我知道我能給他的不多，但我有自己的經歷，我可以和他談論痛苦。假如我沒有親身經歷，我就只能對他說：「我希望你覺得好受一些。你會好起來的。」——大多數人都會說這樣的好話。

16. 尋找意義

我既然這樣深信，就知道仍要住在世間，且與你們眾人同住，使你們在所信的道上又長進又喜樂。

《聖經》腓立比書 1：25

布萊德·特品是休士頓郊區帕薩蒂那的警官。他幾乎失去了一條腿。他的警用機車撞進了一部拖車的後面。要不是急救的醫師在他腿上綁了止血繃帶，他已經失血身亡了。

松尼·斯提德是我們教會的前任教育部牧師，也是布萊德的朋友，他請我去探訪布萊德。「沒問題。」我說，特別是我聽說他也需要戴固定支架。我打電話確認他願意讓我去。我不知道究竟是什麼原因，就在我們出發前，我拿了一些我發生意外時和復原後的照片。

松尼開車帶我去這位警官的家。一進門，我幾乎就像看到我自己家的客廳一樣，在我出院後的幾個月裡，我家的客廳就是這個樣子。布萊德躺在一張醫療床上，他的頭頂上方有一個吊架。他的醫療裝置與我的相似，但不完全一樣，畢竟在我發生事故多年後，醫療科技更加先進了。

客廳裡還有其他人在，我坐下加入他們的談話。布萊德還算客氣，但我知道他見了這麼多人，一定已經厭倦了。最後一個客人剛走，我就說：「跟那麼多人談話，你一定很煩了，是嗎？」

布萊德點點頭。

「我能理解。你覺得自己在這裡好像展覽品。電話鈴聲一直不斷，好像每個人都想來看你。」

他再次點點頭。「我很感激他們來看我，但我需要一些安靜的時間。」

「我很抱歉打擾你，但松尼帶我來見你，因爲我想告訴你可能會發生些什麼事。」我指著伊理扎諾夫支架說：「我也戴過這樣一個固定支架。」

「哦，你戴過嗎？」

我給他看了一些我的照片。我先給他看醫生爲我戴上伊理扎諾夫支架後所拍的照片。一張張都顯示著我每一步的進展。他仔細的端詳每一張照片，看得出我的情況比他更糟。

「你復原了，是嗎？」

「是的，我復原了，你也會復原的。」

「那太好了，你順利的度過了這一切。但我覺得我未必能度過這關。醫生不能保證我是否能保住這條腿，加上他們都很悲觀，所以我覺得更難了。」

「是啊，醫生就是這樣的。」我說，同時清楚的回想起那些日子的感受。「他們總是很保守，不會給你過多的期待。他們知道，從現在起的幾個月裡，你會一直戴著這個支架，一切也都會很順利，但是在這期間，你的腿有可能會感染，也仍然有可能會失去它。」

「我也是這樣想的。我只是不確定是否值得吃那麼多苦。」

「好的一面是痛苦會逐漸減輕，你會好起來的。」

就在我們談話的時候，布萊德的妻子走了進來，她一直在旁邊聽著。「看到病情沒有進展，我眞的失去了耐心，沒有人告訴我們以後會如何。」她說：「我們正打算換醫生。」

「你們可能會找到一位更好的醫生，」我說：「不過先等一等，耐心一點。我相信你們的醫生盡了他最大的努力。」

然後我告訴他們，在我康復期間，我的耐心也曾達到極限。

當我的醫生來看我的時候，我的怒氣正無處可發。

「『坐下！』那時我對醫生吼道。

「他坐下了。大約有五分鐘之久，我向他數落一切令我討厭和不悅的事情。當我看見他臉上的表情時，我意識到我傷了他的心。當然，我以前一直沒想過他的感受。因爲我渾身是傷，無時無刻都在忍受疼痛的折磨，睡不著覺，我需要答案。我厭倦了這樣的回答，什麼都是『不知道』。我問他，這個固定器我還要戴多久，他說：『可能還要一個月，也可能要兩個月，或者三個月。』我克制不了自己，怒氣爆發出來，又對他抱怨了一番。最後我說：『為什麼你不能給我一個明確的答案？』

「他低著頭溫和的說：『我正在盡我的努力。我不知道答案。所以我無法告訴你。』

「『我只是想要……』

「『我知道，但這不是一項精密科學。對我們來說，這也是一種創舉。在這方面，我們沒有太多的經驗，這對我們來說是一項全新的技術。我們正在盡最大的努力。』」

在我告訴布萊德和他的妻子這件事後，我又加了一句：「請耐心對待你們的醫生。他不能給你們他所沒有的答案。但他會告訴你要做的事，並給你用很多的藥。他會給你很多的治療，你將不得不學習如何去應付這一切。」

「是的，我知道。」他說：「但我就是再也無法控制我的情緒。我是個警察。我經歷過許多艱難惡劣的事情，我發現自己垮下來了。我是說，在情緒上崩潰了。你知道我的意思嗎？」

「我完全明白。那你就垮下來吧，這不會只發生一次。」

「我感到自己失控了。」

「你已經失去控制。」

布萊德盯著我。

「想想看。你能控制什麼？什麼也不能控制。」

「我甚至不能給自己擦屁股。」

「就是這樣。你是一個完全沒有用的人。你什麼事也不能做，什麼事也不能掌控。」

「可是，在這之前，我是一個舉重選手，也是健美先生，」他說：「你不會相信我原來的身體有多棒。」

「我一點也不懷疑。」我看得出來他曾經有過發達的肌肉和強健的體魄。「但現在這些都沒有了。也許有一天，你會再次擁有強健的身體，但現在你不能自己起床，也不能做一些你以前能做的事，這些都逼著你改變。你要有面對改變的心理準備。你的體重會減輕，肌肉會萎縮。你不能再像從前那樣掌握你的身體了。」

顯然，布萊德的妻子同樣感受到這一切的壓力，她幾乎快哭出來了。「他就是覺得很不好受，甚至用了藥物也無濟於事。我眞不知道該怎麼辦。」

「我可以給妳一些建議。首先，要限制訪客和電話，不要讓別人任何時候想來看他就來。」我說：「要堅持自己的立場。如果妳允許每一個人都來，又要客客氣氣的，妳一定會精疲力盡。妳的朋友會諒解的。」

隨後我轉向布萊德：「你需要有心理準備去應付所有的治療，因爲你將面對各種艱難的事。如果你還想走路的話，你就得去做。要有耐心，因爲這將是一段很漫長的路程。我能告訴你的最好建議就是：不要想嘗試作一個『獨行俠』。」

我停頓了一下，幾乎笑了出來，因爲我想到自己從前的樣子。

「告訴別人你哪裡受了傷，告訴他們該怎樣幫助你——特別是你信任的人。讓他們知道，這樣他們可以幫助你。讓他們爲你禱告。你有很多好朋友到這裡來看你，他們希望給你帶一個蛋糕，爲你煮一頓飯，或爲你做些什麼。你得讓他們表達他們的友誼和愛。」

談了幾分鐘後，我起身打算離開。我寫下我的電話號碼。

「打電話給我。如果你到凌晨三、四點還掙扎著難以入睡，或是感到很生氣的時候，都可以打給我，我會接聽的。我會理解，是因爲我能理解，我們是同病相憐，誰都不是自己要選擇這樣的。」

在我離開之前，布萊德說：「你能來看我，我有說不出來的感謝，能夠和一個體會我痛苦的人談話，對我的幫助很大。你是我遇到的第一個人，你能夠理解什麼是一天二十四小時都活在疼痛中的滋味。」

「這本來不是我想做的事——探訪像我過去那種情況的人，」我說：「但我願意這樣做。我想幫助別人，但你必須自己打電話給我。記住！不要一個人硬撐。」

布萊德的妻子送我出來，一直到我車子那裡。她說：「他需要這樣的談話。在別人面前，他總努力要成爲別人的精神動力，看起來很積極。可是在獨處的時候，他的情緒非常不穩定，常處在低潮和沮喪中，他崩潰了。我真的很爲他擔心。在我們共同生活的日子裡，我從沒看過他這樣子。」

「我記得當時我的妻子整天在學校辛苦的教書，晚上回來還要陪我，」我說：「多鼓勵他不要灰心。他會好起來的。」

我告訴她，有一次，在我最糟糕的時候，伊娃想鼓勵我，就對我說：「只要肯花時間，你會好起來的。」

挫折和憤怒使我爆發出來——「妳憑什麼認爲我會好起來？我能復原的機率是多少？從來沒有人能告訴我？沒有人能向我保證。」

好在伊娃沒有與我爭辯，她擁抱我。我哭了。在這之前，我從來沒有在她面前哭過。

當我向布萊德的妻子講這件事，我說：「妳要爲妳和他的生活改變做好準備。他不能控制自己的情緒，在他叫喊或咆哮的時候，不要認爲這是針對妳的。這是他的疼痛和挫折造成的，不是妳。」我握了握她的手，說：「重要的是，如果妳需要幫助，請打電話給我。妳得鼓勵布萊德打電話給我。」

那次以後，我和布萊德又見了四、五次。幾星期後，我在一家餐廳碰到他，他已經能靠著學步器出門了。我走到他的桌前坐下。「你好嗎？」我問。

「很好。眞的很好。」他再一次感謝我在他情緒最低潮的時候去探訪他。他還沒有完全康復，但他的健康狀況越來越好。當他握住我的手，久久不願鬆開的時候，我知道他正在用這種方式向我表達言語難以訴說的感激。

我十分感激上帝，讓我能在布萊德最難熬的時候支持他。

在我發生事故的兩年後，我聽說查德・福維遇到了嚴重的車禍。他是南園浸信會青年事工團的一個成員。在教會裡，查德的父母是最支持我的家長之一。他的母親卡蘿曾和其他組員一起到我的病房來討論青年退修會的事。那時的我對事工沒有太大的幫助，但他們用這種方式讓我感到自己是一個有價值、有用的人。

查德曾是一個傑出的足球運動員。進大學之前，他在我們的青年隊裡待了近一年。

當我打電話給他母親時，她告訴我，他們已經用直升機送查德去加爾維斯敦市（Galveston）的約翰．思理醫院（John Sealy Hospital）。我不清楚查德的傷勢有多重，不過他母親說：「報告說，他的小腿斷得支離破碎，現在戴了固定支架。」

聽到固定支架這個詞時，我知道我必須去見他。無論情況如何，我本來也打算去，因爲查德是南園浸信會的一員。但是固定支架這個詞，令我感到情況更加緊迫。

當我走進他房間時，查德沮喪的躺在那裡，他顯然不想說話。這不像我認識的查德。之前，他看到我總是很高興，臉上會露出欣喜的神情。這一次，他知道我來了，卻不願意和我交談。

「你好嗎？你還可以嗎？」我問他，然後看著他的腿。「我看到他們給你裝了一個固定支架。」

「是的，他們裝的。」他說。

「查德，你還記得我出事的時候嗎？他們也在我身上裝了這個東西。」

「眞的嗎？」他問，第一次用好奇的眼光盯著我。我不知道他是否從來沒看見我戴固定支架，還是他記不起來了。我靠得更近說：「記住，我知道戴這東西的滋味如何。」

他的傷在小腿上。由於小腿上原有兩根骨頭，治療起來並沒有那麼困難。我在離開之前得知，他的預期情況非常良好。

我和他談話，握著他的手和他一起禱告，在某種程度上，我使他認識到我能認同他的處境。查德第一次知道他將面對怎樣的醫療挑戰。在此之前，就像我遭遇車禍後一樣，沒有人可以給查德特別的指導。像我一樣，他也感到生氣和沮喪。

「疼痛會持續很久，康復的過程似乎要持續到永遠，但你會好起來的。只要記住！你會好起來的。」

查德眞的好起來了。

在喬依思．潘特考斯三十九歲生日的前一個星期，癌症奪取了她的生命。我非常愛喬依思。她嫁給了伊娃的哥哥愛德，並有兩個紅髮的漂亮孩子，喬丹和卡爾頓。

喬依思是我所認識最活潑的人之一，她是一位熱情洋溢的歌手。只要她走進一個房間，就能使整個房間的氣氛都活絡起來。她不僅僅是爲大家唱歌，她唱歌時的表情，就像愛瑟爾．美縵（Ethel Merman）一樣氣勢高昂。

阿肯色州福瑞斯特市第一浸信會爲她舉辦了追思禮拜，我很榮幸能在她的追思禮拜中致詞。六百多人擠滿了會堂。喬依思曾錄製了幾張基督教音樂的CD，這是她爲我們留下的一份珍貴禮物。在那陽光普照的下午，我們聽著喬依思唱她自己錄過的聚會結束祝福詩歌〈三一頌〉。

聽完她的CD後，喬依思的父親查理斯．布萊德牧師，分享了一篇有關盼望和救恩的信息。他告訴會眾：「幾年前，喬依思和我立了一個約定。如果我先走了，她會在我的葬禮上獻唱。如果她先走了，我會在她的葬禮上講道。今天，我完成與我的乖女兒所立的約定。」

那一刻仍然歷歷在目。人們露出悲傷的微笑，淚水流淌，但我並不覺得任何人感到憤怒或絕望。

喬依思的父親總結他的信息後，就輪到我的分享。

「也許今天有些人會問：『喬依思怎麼會死呢？』」我說：「但我要告訴你們，更好的問題是，她活得怎麼樣？她活得很好，親愛的朋友，她活得非常好。」

我告訴這群悲傷的人，喬依思是一個披著紅髮的彗星，劃過了人生的舞台。她的一生和愛給他人帶來歡樂。她是一個忠實的朋友，一個理想的女兒，一個熱心的阿姨，一個可愛的姊姊，一個慈愛的母親，和一個出色的妻子。爲什麼這樣一個人會死呢？在這個會堂裡，一定有許多人的心被這個問題刺透了。我坦率的承認，我沒有這問題的答案。

「雖然沒有答案，但我們還是得到了安慰。」我說：「喬依思堅信，如果她死了，她會立刻與上帝在一起。她相信如果她活著，上帝會和她在一起。這就是她活著的理由。這也是我們繼續活著的理由。」

最後，我分享了我和喬依思單獨相處的一段時刻。在喬依思從醫院回家前，我和她最後所談的是有關天堂的事。聽我描述去天堂的旅程，她似乎永遠覺得還不夠，因此，我再一次的帶她「遊歷」那裡，我們談到天使、天堂的大門和我們所愛的人。（喬依思的母親也是死於癌症。）喬依思總是要我描述那裡的音樂，而我們最後談的也是音樂。

「就在幾天前，」我對會眾說：「我相信上帝坐在天堂的大門裡，祂告訴天使：『我們這裡需要一個紅髮的女高音。』」

「『那會是喬依思．潘特考斯！』」天使說。

「上帝差遣天使來叫喬依思，她回應了這呼召。她現在正和天使們一同歌唱。喬依思．潘特考斯離開了她的身體，她與主在一起。」

致詞中我用問句作結：「如果你知道一個人去了哪裡，你能說我們失去他了嗎？」

車禍發生那年，我三十八歲。喬依思被診斷得癌症時，也是三十八歲。我度過了磨難，活了下來，喬依思沒有。但是我知道，正因爲我經歷了天堂，我才能幫助她和她所愛的人面對死亡。現在我也正在幫助你面對死亡。

在我發生意外之後，有很多次，我曾希望那些有經歷戴固定支架而受痛苦折磨的人來醫院探望我。我知道這會減輕我的不安。

每次當我聽說有人戴固定支架時，我都會試著與他們連繫。當我與那些長期受病痛折磨的人交談時，我都盡量坦誠的告訴他們需要知道的，復原的過程是沒有捷徑的。因爲我經歷過這一切，我可以告訴他們，他們也聽得下去。雖然復原需要花很長的時間，但他們會漸漸的好起來。我也告訴他們在短期內將會面對的難題。

我與查德、布萊德，以及另外幾個人的見面提醒我，上帝讓我留在地上，仍然有祂的目的。在我那段漫長的康復期間，有時我眞的渴望去天堂。然而，現在回想起來，我看到我跟他人分享自己的經歷時，是一股輕柔的引力，把我從天堂拉回地上。「當上帝再一次準備帶我回天家的時候，」最後我會說：「祂釋放了我。」就在此時，我會盡最大努力成爲別人的安慰。

像我一樣，當那些病患第一次看見固定支架裝在他們腿上時，尤其是當他們開始承受巨大的疼痛和身體被固定住不能挪動時，沮喪淹沒了他們。他們不知道接下來會發生什麼事。儘管醫生盡力的保證他們能夠康復，但是他們因疼痛過大，連醫生的安慰也無濟於事。

然而，有些時候，這些病患會不經意的對我說：「再過不久，我就能度過這一切了。」

「你可能會度過這一切，但不會很快。」我說：「這是一個長期的任務，沒有別的途徑可以縮短這過程。當你面對如此巨大的損傷時，你沒有捷徑可以脫身。現在你就開始學習與它一起生活吧。」

我還有一些其他的故事，但以上這些經歷，幫助我度過我生命中一些黑暗的時期。我又找到活著的意義。雖然我仍渴望回天堂，但是在現實裡，這裡就是我所屬的地方。我正在這地上活出我生命的意義。

車禍發生那年，我三十八歲。喬依思被診斷得癌症時，也是三十八歲。我度過了磨難，活了下來，喬依思沒有。但是我知道，正因為我經歷了天堂，我才能夠幫助她和她所愛的人面對死亡。現在我也正在幫助你面對死亡。

17. 渴望家園

是爲那給你們存在天上的盼望；這盼望就是你們從前在福音眞理的道上所聽見的。

《聖經》歌羅西書1：5

我很喜歡一個小女孩的故事。這個小女孩出門去了，她的母親不知道她去了哪裡，很掛念她，擔心她會出什麼事，就站在家門前，大聲呼喚女兒的名字。

幾乎同時，小女孩從鄰居的房子裡跑出來。母親抱住她，說她心裡很著急，最後問小女孩：「妳去了哪兒？」

「我去隔壁鄰居家，陪伴史密斯先生。」

「妳爲什麼要去他家？」

「他的妻子死了，他很傷心。」

「哦，我不知道發生了這種事，」母親說：「妳在那兒做什麼呢？」

「我只是幫助他哭。」

從某種意義來講，這正是我所做的事。告訴別人我的經歷，就是我用來與那些在痛苦中的人一同哭泣的方法。

我明白一個道理，爲什麼我可以給那些面臨死亡的人，或失去摯愛的人帶來安慰：因爲我去過天堂。我能給他們十足的保證，天堂是一個充滿喜樂的地方，這喜樂是無與倫比的，而且難以形容。

我知道天堂是眞實的，對此我絲毫不懷疑。這比我一生中所經歷的任何事都要眞實。有時候我會說：「想想你曾遇到過最壞的事、最好的事，還有在最好和最壞之間的每一件事；天堂比那些事都要更眞實。」

自從我回到人世之後，我非常清楚的感受到，人生是一段旅程。在我們生命的終點，無論我們是去天堂，還是去地獄，那裡的生活將比我們現今在地上的生活更加眞實。

當然，在事故發生之前，我從沒想過這個問題。過去，天堂只不過是一個概念，我所相信的某種事物，只是我也並沒有時常想到它。

但是在事故發生後的幾年裡，我反覆想起耶穌被賣和釘十字架前，他和門徒們聚集的最後一個晚上。在耶穌準備去天堂的前幾個小時，他和他的門徒坐在樓上。他懇切的要他們不要疑惑，要信靠他。之後耶穌告訴他們，他要離開了，並且說：

「在我父的家裡，有許多住處。若是沒有，我就早已告訴你們了。我去原是爲你們預備地方去。我若去爲你們預備了地方，就必再來接你們到我那裡去，我在那裡，叫你們也在那裡。」（約翰福音14:2-3）

以前，我從來沒有眞正注意到這段經文，但耶穌兩次用了地方這個詞——這是一個地方。也許大多數人對這個詞無動於衷，但我卻時常想到這個詞。這是一個眞實的地方，我可以證明我知道這個地方。我到過那個地方。我知道天堂是眞實的。

自從車禍之後，我比以前有更強烈和更深刻的體悟。任何人只要在病床上躺一年，也會變成這樣，但對我來說，並不僅僅如此。在天堂的九十分鐘，使我留下如此深刻的印象，我不再是從前的那個我了。我不再完全滿足於地上的生活，因爲我活在期待之中。

我經歷過的痛苦，超過我以爲一個人所能承受的，而我又活下來告訴別人這件事。儘管那幾個月中經歷了撕心裂肺的痛楚，我依然感到天堂的眞實性，遠遠超過我曾忍受的痛楚。

我是一個講求行動力的人，很少放慢腳步，因此我常常得跟人解釋爲什麼我不能完成某些動作。當我穿戴整齊的時候，多數人絕看不出我有身體上的殘障。然而，當我面對自己重塑過的身體所不能勝任的動作時，常常會讓別人覺得很怪異（人們會很驚訝，因爲其中有些動作看起來非常簡單）。

「你看起來很健康啊，」不只一個人這麼說過：「你有什麼問題嗎？」

有時，我跟別人一起下樓梯——這對我來說是一個艱難的過程——他們聽到我的膝蓋摩擦的聲音，就轉過身來問我：「那可怕的聲音是你發出的嗎？」

「是的。」我笑著說：「是不是很可笑啊？」

我相對的活動能力往往給人造成一種錯覺，以爲我的活動能力比別人想像的要強，但我知道，我能做的事十分有限，即使別人看不出來。我努力學習正常的走路，因爲我不想引起別人的注意。在我戴固定支架的那段時間，我受夠了別人的異樣眼光和驚訝的表情。

我試著讓自己的行動和外表看起來都正常，並不斷的激勵自己，我就是用這種方法克服自己的弱點。我已經學到，如果我一直很忙碌，特別是在幫助別人的時候，就不會去想自己身體的痛苦。這樣說似乎有點奇怪，但我的痛苦竟也成了一種療方。我打算這樣繼續下去，直到我走不動爲止。

人類發明了自己的時間概念，而我們也成了這概念的犧牲品，因此我們不得不以今生的概念來思考——我們就是這樣的。這是我想說明的一個重點。以我天性的好奇，我會想知道在我回到地上的這些年，我的天堂歡迎會的那群人在做些什麼。

當我思索這件事時，我不相信我的歡迎會成員會說：「哦，眞可惜，他不能留下來。」他們仍然在天堂門口。他們仍然在等待著。對他們來說，時間並不流逝。一切都在永恆之中——即使我不能用言語表達出來。在我再次回到天堂之前，即使十年過去，或者三十年過去，在天堂只是一瞬間。

在那年一月的某個早晨我去過天堂，那並不是我的選擇。我作的唯一選擇，是有一天我歸向耶穌基督，接受他作我的救主。我雖然很不配，但他卻允許我去天堂，我知道下次再去的時候，我會永遠在那裡。

我沒有求死的欲望，也沒有自殺的傾向，但每天我都想要回去。我渴望回去。在上帝安排的時間，我絕對相信，我會回到那裡。現在我期盼那個時刻到來，急切的等候那個時刻。我絕對不怕死亡。爲什麼要怕呢？沒有什麼好怕的——我在那裡只會經歷喜樂。

就像我前面指出的，當我恢復意識回到地上的時候，痛苦和失望充滿了我。我不想回來，但這不是我的選擇。

有很長的一段時間，我不能接受上帝送我回來的事實。但即使在我失望中，我也知道所有發生的事，上帝都有祂的目的。我去天堂是有原因的，我回來也是有目的的。我逐漸的領悟到，上帝給了我一個特殊的經歷，也讓我瞥見永恆是什麼樣子。

雖然我渴望回到天上的家，但我還在繼續準備，直等到那最後的召喚來臨。

經過三十四次手術和多年的痛苦經歷，使我明白《聖經》中保羅對哥林多教會所講的話中隱含的眞理：「願頌讚歸與我們的主耶穌基督的父　神，就是發慈悲的父，賜各樣安慰的上帝。我們在一切患難中，祂就安慰我們，叫我們能用上帝所賜的安慰，去安慰那遭各樣患難的人。」（哥林多後書1:3-4）

只要我還在人世間，就代表了上帝對我仍然有祂的心意。知道這一點，我就能夠忍受痛苦，對付我身體上的殘障。

在我生命最黑暗的時刻，我想起一首老歌中的一句歌詞：「當我們看見耶穌的時候，所有這一切都值得。」

我確信這一切都會值得。

有時候我會說：「想想你曾遇過最壞的事、最好的事，還有在最好和最壞之間的每一件事；天堂比那些事都要更真實。」

自從我回到人世之後，我非常清楚的感受到，人生是一段旅程。在我們生命的終點，無論我們是去天堂，還是去地獄，那裡的生活將比我們現今在地上的生活更加真實。

18. 有關「爲什麼」的問題

我們如今彷彿對著鏡子觀看，模糊不清；到那時，就要面對面了。我如今所知道的有限，到那時就全知道，如同主知道我一樣。

《聖經》哥林多前書 13：12

很多次，我看過有人在電視上談起他們的瀕死經驗（NDE, near-death experience）。我承認這個主題很吸引我，但我也抱著存疑的態度。實際上，我非常懷疑。不管那些人談了什麼，我覺得他們的頭腦可能發生了問題，或是在他們的記憶中早已儲存著某些東西，而他們只是重新經驗它一次而已。我並不是懷疑他們的真誠。他們想要相信他們自己所說的。

我看過許多訪談節目，也讀過一些人死後又英雄般復活的故事。這些描述個人痛苦經歷的故事，常常看起來有編造的痕跡和驚人的相似性，好似後者在複製前者的故事一樣。有個人聲稱自己曾死亡超過廿四小時。他寫了一本書，說自己和亞當、夏娃談過話。但是那對地球上第一對夫妻所告訴他的一些事，竟然和《聖經》記載不相符。

儘管到現在，我對他們的很多見證都存疑，但我從來不曾懷疑我自己的死亡經歷。這次經歷如此令人震撼，使我的生命產生了如此巨大的改變，以至於我難以開口向人講述。所以我才會在事故發生的兩年後，在大衛・堅太爾的強烈要求下，說出這件事。

這些年來，我讀過不少有關瀕死體驗的研究報告，也常常思考這件事。

二〇〇一年十二月，英國醫學會期刊《刺胳針》（*Lancet*）刊登了有關瀕死體驗的研究報告。在此之前，許多科學和醫學專家駁斥這類戲劇性的事件，把它們視爲一廂情願的妄想或因大腦缺氧而引起的幻想。

這項研究在荷蘭進行，是這個領域的先驅研究之一。研究人員並沒有去訪談那些自稱有過瀕死體驗的人。相反的，他們追蹤了數百位病患，這些病患都是在經歷臨床死亡，也就是心臟停止跳動之後，又被急救復甦的。研究人員希望透過這個方法得到更正確的資料，因爲這是在事發之後就記錄下來的病患報告，而不是在復甦很長一段時間後才記錄當事人的回憶。

研究結果是，在受訪的所有病患中，約有百分之十八的人對臨床死亡時發生的事有記憶。約有百分之八至十二的人的記憶，與一般所認定的瀕死體驗類似，例如看見白光，穿越一條隧道，甚至跨入天堂與已死的親友說話。研究人員的結論是：

死後經驗或瀕死體驗只是「一些我們希望相信是真的」的事。

另一方面，有另一群學者訪談了三百四十四位從死裡搶救回來的人（年齡從二十六歲至九十二歲）。這些受訪者多半是在事發後五天內接受訪談。研究人員在兩年之後再次與這群人訪談，然後第八年又再次進行探訪。

研究發現，瀕死體驗與心理、生理或醫療因素無關——也就是說，這些體驗與瀕死的腦中所發生的歷程無關。多數病患都能清楚的回想起所經歷的事，因此研究人員認為，這現象駁斥了瀕死體驗的記憶有誤的說法。

對我來說，最重要的是，那些有過這種體驗的人，人格上都發生了顯著的改變。他們除去了對死亡的恐懼。他們變得更有同情心，更願意付出並且更樂意去愛。

科學研究其實並未能證明瀕死體驗的真實性。不管有沒有做過這些研究，總有一群人相信瀕死體驗只是瀕臨死亡者的一種心理狀態，而另一群人則主張，有確鑿的證據證明瀕死經驗是真實的，並要求科學家重新審視那些否定靈魂出竅的理論。

我無意解決這個爭論。我只是把我所經歷的講述出來。不管研究者怎麼說，我知道我確實去過天堂。

我花了許多時間思考這件事為什麼發生，而不是發生了什麼事。我只得到一個確實的結論：在經歷車禍之前，我對瀕死體驗抱持存疑的態度。我就是不明白一個人怎麼可能死了，去了天堂，又能回來講述這個過程。我從不懷疑有死亡、天堂的真實，以及死後的生命，我只是懷疑對瀕死體驗的那些描述。

那些故事很像是編造的，聽起來太雷同了。結果後來我死了，去了天堂，又回來了。我只能陳述發生在我身上的事。我從來不認爲這是我的想像，或是精神錯亂，或是從我聽過的故事取材得來。我確知天堂是眞實的。我去了那裡，又回來了。

說穿了就是這樣：除非有一天，有人死去了相當一段時間，然後又活過來，並且帶著死後生命不可否認的證據，否則瀕死體驗將始終是一件關乎信心的事，甚至只是一個推測。然而，就如我的一個朋友所說的：「還有什麼新鮮事嗎？」

有一次，我和一大群會眾分享我的經歷，包括我妻子的父母，艾爾頓和愛瑟兒．潘特考斯特。在我遭遇事故以及後來漫長的康復期間，他們始終如一的支持我，爲我付出了大量的心力。

在分享之後，我們去了他們家。恰好有一段時間，只有艾爾頓和我兩個人。他告訴我：「你第一次分享去天堂的故事時，我很生氣。」

我根本不知道他有這種感覺。

「你最後說，你一點也不想回到地上。」

我點點頭，表示肯定，但不清楚他的言下之意。

「我當時並不明白，但我已經改變了。這次當我聽到你描述天堂的美好時，我開始能夠理解，爲什麼你寧願暫時離開我的女兒和外孫。你知道——你的確知道，不是嗎——有一天，他們會與你重逢。」

「確信無疑！」我說。

艾爾頓的話是我從來沒想過的。當然，他說的對。我親自給我的孩子施洗，也同樣看著我的妻子受洗。我知道他們的信心是眞實的。我憑著信心知道，他們有一天會安居在天堂。但我在天堂的時候，從沒想過與他們分離。在天堂的人完全意識不到誰「不在」那裡。他們知道誰要來。

即使今天，我依然可以坦誠的說，我還是寧願留在天堂，但我的最後時間還沒到。在離開天堂後，如果我知道我會面臨被關在加護病房兩星期，躺在醫院病床上一年，經歷三十四次手術，那麼毫無疑問的，從一開始我就會沮喪不已。不論如何，這並不是我的選擇，但我回到地上，聽到一個禱告的聲音，聽到鞋子踩碎腳下玻璃的聲音，還有特殊工具車切開我壓扁的小車的聲音。

有個問題一直困擾著我：爲什麼？

這個爲什麼有很多：

爲什麼我會死於那次車禍？

爲什麼我有這個特權能去天堂？

爲什麼我曾見了天堂，卻又被送了回來？

爲什麼我幾乎又死在醫院裡？

爲什麼從一九八九年一月十八日起，上帝要讓我活在持續不斷的疼痛中？

最直接的回答是：我不知道。至今，爲什麼這個簡單的詞，仍舊是人類最難回答的問題。我們本性好奇，我們想要知道。

這幾年來，我還是很難開口講述自己所遭遇的事。好幾次我試圖自己寫一點，卻是不能。正因爲如此，我才請我的朋友塞思·墨菲來幫我完成這本書。如果讓我自己寫的話，這本書是無法完成的。要重新回溯經歷過的一切情感上的創傷，眞是太難了。只有請別人代寫，才能使我承受得住這段痛苦的經歷。

我仍然不知道爲什麼會發生這樣的事。

但我眞確的知道，在我生命中最黑暗的時刻，上帝與我同在。

除了問「爲什麼」，我還有別的問題。這些問題對我來說更重要，值得我深思。

是否上帝想讓我知道眞正的痛苦是什麼滋味，這樣我就能理解別人的痛苦？

還是上帝想讓我知道天堂有多麼眞實？

我經歷了死亡，又經歷了漫長的復原，上帝想要讓我從這所有的經歷中學些什麼？

我的經歷如何能對別人產生最大的助益？

經過這麼多年，我還是找不到大部分問題的答案。但我學到了一些事情，也意識到上帝讓我活在地上有祂的理由。我也許永遠無法完全明白，而上帝也沒有責任向我解釋。

儘管對於大部分的問題，我仍然找不到圓滿的答案，但我心中有平安。我知道我該留在上帝希望我待的地方。我知道我正在做上帝交付給我的工作。

《聖經》約翰福音中記載的一個故事，令我感到安慰。一個生來瞎眼的人遇見耶穌，他的眼睛得到了醫治。之後，他到處讚美上帝，但他被醫治的事讓宗教領袖們感到爲難，因爲他們企圖煽動人們敵對耶穌。他們質問這位從前是瞎眼的人，試圖強迫他承認耶穌是罪人，是個騙子。

這人卻有智慧的回答：「他是個罪人不是，我不知道：有一件事我知道，從前我是眼瞎的，如今能看見了！」（約翰福音9:25）。同樣的，也許有人不相信我的故事。他們會認爲這是我在遭受嚴重創傷時，心理上產生的某種自我滿足。但我不必爲我的經歷辯護。

我知道在我身上發生了什麼。對於像我們這種相信天堂是眞實的人，不需要任何證據。我知道我經歷了什麼。

我相信上帝給了我一個祝福，讓我看到天堂的永恆。

我也相信我仍然活著的原因之一，正如我已經指出的那樣，是別人的禱告。迪克・奧尼瑞克的禱告讓我活過來——而且我的大腦毫無損傷。因著大衛・堅太爾和其他人的禱告，上帝還沒有召我回天家。

我在這裡，我還活著，因爲我還沒有完成上帝在我生命中的旨意。當我成就了上帝給我的使命時，我將會回到我渴望去的地方。我已經預約了天堂，且做了最後的確認，有一天我將回到那裡，並且永遠住在那裡。

我禱告，我也會在那裡見到你。

我花了許多的時間思考這事「為什麼」發生，而不是發生了「什麼事」。我只得到一個確實的結論：在我經歷車禍之前，我對瀕死體驗抱持懷疑的態度。結果我死了，去了天堂，又回來了。我只能講述在我身上發生的事。

致謝

我寫這本書是爲了把事情說清楚。自一九八九年以來，我不斷重複講述自己的經歷，但我當下的回答或短暫的交談總是難以令人滿意。無論在廣播、電視或報紙上，還是在無數的教會講台和其他演講場合，我總是不能給予滿意的回答，反而留下更多未解的問題。人們總是希望知道得更多，越多越好。爲了滿足人們探知究竟的需要，我曾寫了三份不同的文稿描述這次經歷，但沒有一份令我感到滿意。因此，我說服一位美國傑出的作家與我合寫一本書，回答有關我經歷生死的問題。賽思．墨菲（Cecil Murphey）是一位非常成功的傳記作家，曾經爲富蘭克林．葛理翰（Franklin Graham）、杜魯特．凱瑟（Truett Cathey）、B. J.．湯瑪斯（B. J. Thomas）、迪諾．卡薩納卡斯（Dino Karsanakas）和本．卡森博士（Dr. Ben Carson）等傑出人物寫過傳記。賽思幫助我了解該從什麼角度切入來完成這本書，也就是你手上的這本。

賽思成了我一位忠實的朋友、知己和顧問。事實上，寫這本書的其中一個祝福，就是認識並了解賽思．墨菲。書中的每一頁文字都流露出賽思對這個企畫的熱忱。謝謝你，賽思。非常感謝你的幫助。我也要感謝奈特經紀公司的德瑞．奈特（Deidre Knight）對於出版這本書的信心。還有貝克出版集團的維可．柯蘭普頓博士（Dr. Vicki Crumpton）。柯蘭普頓博士是我素來欽佩的人物。對於她在這本書印刷及出版過程的貢獻，我深表感謝。

我要感謝赫曼紀念醫院急救中心（Memorial Hermann Medical Center）和休士頓聖路加聖公會醫院（St. Luke's Episcopal Hospital）的員工。感謝他們在醫療技術上的忠誠投入。特別要感謝湯姆．格雷德醫生（Dr. Tom Greider）。從一九八九年一月十八日那個改變命運的夜晚開始，他一直是我的骨科醫師。

我要感謝許多教會中上帝寶貴的子民。感謝他們給我機會服事他們。他們的禱告不單是我活下來的重要關鍵，他們的參與也成爲我事奉的祝福。非常感謝德州埃爾溫的南園浸信會（South Park Baptist Church of Alvin）。他們是上帝偉大的禱告勇士。我也感謝路易斯安納州波西爾城的第一浸信會（First Baptist Church）、航空浸信會（Airline Baptist Church）和巴克斯得爾浸信會（Barksdale Baptist Church）的特別奉獻。戴蒙．范恩（Dr. Damon V. Vaughn）是我在教會事奉上的「父親」，也是第一浸信會和航空浸信會的前任牧師。我向他表達無比的感謝。

向德州羅莎倫的第一浸信會（the First Baptist Church of Rosharon）和布拉諾的亨特葛林與墨菲公路浸信會（Hunters' Glen and Murphy Road Baptist Church of Plano）表達我永遠的摯愛。自從車禍發生以來，你們一直忠實的站在我身旁。一九九六年以後，我轉到德州帕薩蒂那第一浸信會（First Baptist Church of Pasadena），就是我現在服事的地方。你們對於這個企畫給予了美好而堅定的支持。感謝你們的耐心、寬容、禱告和愛心。

感謝艾妮塔・奧尼瑞克（Anita Onerecker）和她已故的丈夫迪克（Dick）。感謝你們甘心讓上帝如此奇妙的使用你們。感謝我所有的朋友和在基督裡的弟兄姊妹。感謝你們爲我付上熱切的禱告。只有上帝知道你們的犧牲和幫助。特別感謝我多年的朋友柯理夫・麥克阿度（Cliff McArdle）和大衛・堅太爾（David Gentiles）。你們眞是上帝賜給我的禮物。無論白天還是夜晚，方便還是麻煩，領受還是付出，你們總是那麼忠誠相待。感謝你們所有人鼓勵我完成了這本書的出版。

最後，我要向我的岳父岳母艾爾頓和愛瑟兒・潘特考斯特（Eldon and Ethel Pentecost），以及我自己的父母親拉爾夫和碧麗・派普（Ralph and Billie Piper），表達最深切的感謝，感謝你們無比的奉獻和忠心的支持。感謝我的三個孩子，妮可、克理斯和喬（Nicole, Chris, and Joe）。我要說上帝給了我三個這麼好的孩子，大大超過我所配得的。我眞是太有福氣了。該如何感謝你們呢？你們對我是如此重要。自從久遠以前的那個星期三之後，你們在我心中越發顯得重要。還要感謝我的妻子伊娃（Eva）這三十年來的付出。妳爲我所做的事情，超出了一個常人所應當承受的，然而妳卻忠實的爲我完成這些事情，充滿憐憫，沒有任何猶豫。在我所有的家人和朋友中，唯有伊娃與我最親密。她眞切的知道在這次經歷中，我每一天所經歷的痛苦，因爲她和我一同承擔了這些痛苦。伊娃，妳是上帝賜給我的禮物。

主，祢知道我並不是總能夠明白爲什麼會發生這些事情，但我從來沒有不信任祢。阿爸天父，我以謙卑的心盡量講述自己的故事。我禱告，唯願這本書能夠蒙祢的喜悅，並成爲許多人的祝福。阿們。

唐・派普

二〇〇四年二月

唐・派普自一九八五年起成爲一位全職牧師，服務於教會不同部門和事工，其中包括六年任職爲主任牧師。唐和他的妻子伊娃，目前居住在德州帕薩蒂那，他們有三個孩子，現在都已長大成人。唐曾多次出現在基督教和一般大眾電視台及廣播電台的節目中，並成爲無數報刊雜誌的新聞人物。唐現在是一份週刊的專欄作者。每個星期，他都會在美國和世界各地講道，帶領特別聚會和退修會。

若有需要連繫唐，可寫信至電子郵箱：donpiperministeries@yahoo.com

The Eurasian Publishing Group
圓神出版事業機構
用心與你對話・視野無限寬廣
究竟出版社
Athena Press
http://www.booklife.com.tw inquiries@mail.eurasian.com.tw

宗教Theologia 013

去過天堂90分鐘——一個有關生命與勇氣的眞實故事

作　　者／Don Piper, Cecil Murphey
譯　　者／史迪文工作小組
發 行 人／簡志忠
出 版 者／究竟出版社股份有限公司
地　　址／台北市南京東路四段50號6F之1
電　　話／（02）2579-6600・2579-8800・2570-3939
傳　　真／（02）2579-0338・2577-3220・2570-3636
郵撥帳號／19423061　究竟出版社股份有限公司
總 編 輯／陳秋月
資深主編／李美綾
責任編輯／方非比
美術編輯／蔡惠如
行銷企畫／吳幸芳・周弈辰
印務統籌／林永潔
監　　印／高榮祥
校　　對／陳秋月・李美綾・方非比
排　　版／莊寶鈴
總經銷／叩應有限公司
法律顧問／圓神出版事業機構法律顧問　蕭雄淋律師
印　　刷／祥峯印刷廠
2007年11月　初版
2010年6月　28刷

感謝史迪文工作小組：俞文艳、史迪文、周晓紅、王路宁、吳轶凡、
赵妧妠協助翻譯
伍恩豐牧師協助審譯

定價 260元　ISBN 978-986-137-087-3

每一本書，都是有靈魂的。
這個靈魂，不但是作者的靈魂，
也是曾經讀過這本書，與它一起生活、一起夢想的人留下來的靈魂。
——《風之影》

國家圖書館出版品預行編目資料

去過天堂90分鐘：一個有關生命與勇氣的眞實故事
/Don Piper, Cecil Murphey 著；史迪文工作小組
譯. -- 初版. -- 臺北市：究竟，2007〔民96〕
232面 ；14.8×20.8公分. --（宗教Theologia ; 13）

ISBN 978-986-137-087-3（平裝）

1. 天國論 2.來世論 3.死亡 4.基督教

242.7　　96018737